TITERES

SENCILLOS

36 guiones para uso educativo

Compilados por Josie de Smith

CASA BAUTISTA DE PUBLICACIONES

CASA BAUTISTA DE PUBLICACIONES
Apartado Postal 4255, El Paso, TX 79914 EE. UU. de A.
www.casabautista.org

Agencias de Distribución

CBP ARGENTINA: Rivadavia 3474, 1203 Buenos Aires, Tel.: (541)863-6745. **BOLIVIA:** Casilla 2516, Santa Cruz, Tel.: (591)342-7376, Fax: (591)342-8193. **COLOMBIA:** Apartado Aéreo 55294, Bogotá 2, D.C., Tel.: (571)287-8602, Fax: (571)287-8992. **COSTA RICA:** Apartado 285, San Pedro Montes de Oca, San José, Tel.: (506)225-4565, Fax: (506)224-3677. **CHILE:** Casilla 1253, Santiago, Tel: (562)672-2114, Fax: (562)695-7145. **ECUADOR:** Casilla 3236, Guayaquil, Tel.: (593)445-5311, Fax: (593)445-2610. **EL SALVADOR:** Av. Los Andes No. J-14, Col. Miramonte, San Salvador, Tel.: (503)260-8658, Fax: (503)260-1730. **ESPAÑA:** Padre Méndez #142-B, 46900 Torrente, Valencia, Tel.: (346)156-3578, Fax: (346)156-3579. **ESTADOS UNIDOS: CBP USA:** 7000 Alabama, El Paso, TX 79904, Tel.: (915)566-9656, Fax: (915)565-9008, 1-800-755-5958; 960 Chelsea Street, El Paso TX 79903, Tel.: (915)778-9191; 4300 Montana, El Paso, TX 79903, Tel.: (915)565-6215, Fax: (915)565-1722, (915)751-4228, 1-800-726-8432; 312 N. Azusa Ave., Azusa, CA 91702, Tel.: 1-800-321-6633, Fax: (818)334-5842; 1360 N.W. 88th Ave., Miami, FL 33172, Tel.: (305)592-6136, Fax: (305)592-0087; 647 4th. Ave., Brooklyn, N.Y. Tel. (718)788-2484; **CBP MIAMI** 12020 N.W. 40th Street, Suite 103 B, Coral Springs, FL, 33065, Fax: (954)754-9944, Tel.1-800-985-9971. **GUATEMALA:** Apartado 1135, Guatemala 01901, Tel: (502)2-220-0953. **HONDURAS:** Apartado 279, Tegucigalpa, Tel. (504)238-1481, Fax: (504)237-9909. **MEXICO: CBP MEXICO:** Vizcaínas Ote. 16, Col. Centro, 06080 México, D.F., Tel/Fax: 510-3674, 512-4103; Madero 62, Col. Centro, 06000 México, D.F., Tel/Fax: (525)512-9390; Independencia 36-B, Col. Centro, 06050 México, D.F., Tel.: (525)512-0206, Fax: 512-9475; F.U. Gómez 302 Nte. Monterrey, N. L. 64000 Tel.: (528)342-2823. **NICARAGUA:** Reparto San Juan del Gimnasio Hércules, media cuadra al Lago, una cuadra abajo, 75 varas al Sur, casa #320, Tel.: (505)278-4927, Fax: (505)278-4786. **PANAMA:** Apartado E Balboa, Ancon, Tel.: (507)264-6469, (507) 264-4945, Fax: (507)228-4601. **PARAGUAY:** Casilla 1415, Asunción, Fax: (595)2-121-2952. **PERU:** Pizarro 388, Trujillo, Tel./Fax: (514)424-5982. **PUERTO RICO:** Calle San Alejandro 1825, Urb. San Ignacio, Río Piedras, Tel.: (809)764-6175. **REPUBLICA DOMINICANA:** Apartado 880, Santo Domingo, Tel.: (809)565-2282, (809)549-3305, Fax: (809)565-6944. **URUGUAY:** Casilla 14052, Montevideo 11700, Tel.: (598)2-309-4846, Fax: (598)2-305-0702. **VENEZUELA:** Apartado 3653, El Trigal 2002 A, Valencia, Edo. Carabobo, Tel/Fax: (584)126-1725.

Ediciones: 1991, 1993, 1998
Cuarta edición: 1999

Clasificación Decimal Dewey: 791.53

Temas: Títeres y Teatro de Títeres

ISBN: 0-311-11073-8
C.B.P. Art. No. 11073

1.5 M 4 99

Printed in U.S.A.

Contenido

Presentación

Los guiones para títeres que hay en este libro tienen dos características:

Primero, son breves y sencillos. No se necesitan muchos personajes ni escenarios complicados. Varios requieren apenas dos títeres y pueden ser presentados por niños de edad escolar dada la brevedad de los guiones y el nivel del lenguaje. Cualquier grupo, por más pequeño o sencillo que sea, los encontrará fáciles de usar.

Segundo, son didácticos. Se han escrito para reforzar el aprendizaje de los niños en sus agrupaciones educativas cristianas. Algunos se prestan para usar como motivación al comienzo de una lección, otros como lección en sí o como actividad de sobreaprendizaje para reforzar lo estudiado.

Concuerdan con los temas que los niños estudian en la escuela dominical con énfasis en la aplicación práctica de una verdad cristiana.

En conclusión, TITERES SENCILLOS tiene un propósito educativo. Sus guiones han sido diseñados principalmente para uso en el aula aunque no necesariamente se limite a ésta. Muchos fueron publicados anteriormente en las revistas LA ESTRELLA y MARCHEMOS, dando pruebas de cumplir su cometido.

Primera parte
Guiones generales

VOLUNTARIOS EN ACCION
(Para presentar a niños internados en el hospital)

Por Kathy Joiner

Personajes: Sabio (lechuza), Rosa (cerdita), Coqui (gato), Pepe (conejo), Tito (ratón), Loco (perro).

SABIO...

ROSA...

COQUI...

PEPE...

TITO...

Y LOCO...

(Se levanta el telón. Sabio, Rosa y Coqui conversan.)

SABIO: Nosotros queremos contarles cómo nos juntamos para venir a visitarles.

ROSA: Nadie me quería porque soy gorda. Pero, ya no me importa porque sé que Jesús me quiere, y los niños también. Me divierte mucho estar con ellos. Entonces yo decidí venir al hospital para visitar a los niños. Yo quiero contarles de Jesús.

COQUI: Otros animales me tienen miedo porque soy muy bravo. Pero Jesús me ama de cualquier manera, y los niños son buenos y también me quieren. Yo quiero ir al hospital contigo.

ROSA: Bueno, entonces ¡vamos!

(Entra Pepe.)

COQUI: Pero, mira. Allí viene un conejo que parece estar muy triste: Vamos a ver si también él quiere ir.

ROSA: Hola, conejo. ¿Cómo te llamas, y por qué estás tan triste?

PEPE: Me llamo Pepe, y estoy triste porque soy muy feo. Mira qué largas son mis orejas. Nadie tiene las orejas tan largas como las mías. ¡No me gustan mis orejas!

COQUI: Pues, no tienes por qué estar tan triste. Dios te hizo con orejas largas porque a él le gustan las orejas largas. A los niños también les gustan las orejas largas, ¿verdad?

(Pausa.). . . Ven con nosotros para visitar a los niños del hospital. . . yo me llamo Coqui y esta es Rosa.

PEPE: ¡Ay, qué bien! ¿Es verdad que Jesús me quiere con orejas y todo? Si es así, quiero ir al hospital con ustedes. Pero, no sería justo si nos vamos sin Tito el ratón.

ROSA: Me parece bien. ¡Pero, no vayas a comértelo, Coqui!

COQUI: No te preocupes. A mí me gusta jugar con los ratones. Pero ellos me tienen miedo.

PEPE: Tito, parece que tú le tienes miedo a algo. ¿Qué es?

TITO: ¡Mira ese gato! ¡Va a matarme, y yo no quiero morir!

PEPE: No te preocupes. El es Coqui, le gusta jugar con los ratones. Pero los ratones le tienen miedo.

(Entra Tito muy temeroso)

TITO: Oh, yo siempre tengo miedo a todo, y por eso no tengo amigos.

COQUI: Yo seré tu amigo. . . ¡para siempre!

ROSA: Bueno, yo creo que ya es hora de ir al hospital. ¿Quieres ir Tito?

TITO: ¿Realmente quieren que vaya con ustedes?
TODOS: ¡Sí!

(Entra Loco.)

TITO: Pero miren allá. ¿Quién es? Parece estar triste.
COQUI: Vamos a ver. Quizá él también venga con nosotros.
PEPE: ¿Qué te pasa, perrito? ¿Por qué estás tan triste?
LOCO: Todos me abandonan. Mira mi pierna. ¡Está lastimada y me duele mucho! Nadie me quiere.
ROSA: ¡Oh, lo siento! Déjanos ayudarte. . . Sí, hay alguien que te quiere, es Jesús, y también nosotros te queremos. ¿Por qué no vienes con nosotros? Vamos al hospital a visitar a los niños. Ellos van a quererte mucho.
LOCO: Sí, a mí me gustan los niños. Son muy buenos y saben muchas cosas. Ellos pueden enseñarme muchas cosas. Sí, yo quiero ir al hospital.
TITO: ¿Cómo te llamas? Yo soy Tito; él es Pepe; aquel es Coqui, y ella es Rosa.
LOCO: Mi nombre no es tan bonito. Yo me llamo LOCO.
PEPE: No importa cómo se llama uno. Lo que importa es cómo actúa con los demás. . . si es bueno o si es malo. Lo que importa no es el nombre, sino cómo es.
COQUI: Parece que casi estamos listos para ir. Pero miren. Allí viene alguien más.
TODOS: ¡Hola! ¿Cómo te llamas?
SABIO: Yo me llamo Sabio.
LOCO: Entonces, ¿por qué estás tan triste?
SABIO: Estoy triste porque nadie juega conmigo porque soy inteligente. Quisiera no serlo.
ROSA: Pero, a Jesús le gustan los seres inteligentes. El quiere ser tu amigo, y nosotros también. Ven con nosotros. Vamos a visitar a los niños del hospital.
SABIO: Sí, los niños son muy hábiles. Saben hacer cosas muy lindas con sus manos. Sí, voy con ustedes ¡¡¡Vamos!!!

(Todos salen de sus puestos para saludar y conversar con los niños.)

ROBERTO Y MIGUEL

Personajes: Roberto y Miguel, dos muchachitos.

(Entra Roberto caminando despacio y mirando como si estuviera buscando algo. Después de un rato entra Miguel.)

MIGUEL: Roberto, ¿qué estás haciendo?

ROBERTO: Perdí una moneda que me dio mi mamá para comprar un lápiz.

MIGUEL: ¡Qué lástima! ¿Quieres que te ayude a buscarla?

ROBERTO: Si quieres, pero la he buscado por mucho tiempo. Me parece que la perdí en el césped.

(Los dos siguen buscando.)

MIGUEL: Una vez yo perdí un anillo favorito y ¿sabes lo que hice?

ROBERTO: ¿Lo encontraste?

MIGUEL: Sí, lo encontré, pero *(pausa)* ¿quieres saber cómo lo encontré?

ROBERTO: Sí, puede ser que me ayude a mí.

MIGUEL: Mi maestra de la escuela dominical nos dijo que si oramos Dios nos ayudaría. Yo le pedí a Dios que me mostrara dónde estaba mi anillo y él me lo mostró.

ROBERTO: Mira, ¡qué bien! Necesito mucho esa moneda. Mi mamá me dijo que no me daría otra. ¿Cómo puedo orar?

MIGUEL: Sólo dile a Dios cuánto necesitas esa moneda, y si es su voluntad, él te ayudará a encontrarla.

ROBERTO: ¿Es eso orar, sólo hablar con Dios?

MIGUEL: Sí, eso es la oración.

ROBERTO: ¿Cómo puedo saber que Dios está aquí para oírme?

MIGUEL: El siempre está aquí. Está por todas partes de este mundo grande.

ROBERTO: Y, ¿cómo sabes eso?

MIGUEL: Tú sabes que en casa leemos la Biblia y oramos cada día. Encontramos que Dios es tan grande que llena todo el cielo y la tierra. ¿Ves? Dios puede oírnos dondequiera que estemos.

ROBERTO: ¿Tú crees que Dios nos conoce?

MIGUEL: ¡Claro que sí! El conoce a todos.

ROBERTO: Entonces Dios ya debe saber que yo perdí la moneda. Pero, ¿qué pasa si él no quiere que la encuentre?

MIGUEL: Algunas veces Dios no contesta nuestras oraciones como nosotros quisiéramos. El quiere que esperemos un tiempo, que tengamos paciencia. Y, ¿sabes que puede ser que Dios diga NO? Pero él siempre sabe lo que es mejor para nosotros. Hay que confiar en él.

ROBERTO: ¡Qué bien! Tú sabes mucho acerca de Dios. Sería grandioso leer la Biblia y orar en casa.

MIGUEL: ¿Por qué no se lo pides a tus padres?

ROBERTO: Pero puede ser que Dios no me ame y no tenga interés en mí porque no leo mi Biblia y no hablo con él.

MIGUEL: No debes pensar así. Dios te ama mucho y quiere que tú vengas a él. La Biblia nos dice que Dios mandó a su Hijo desde el cielo para morir por nosotros. ¿Crees que si alguien no te amara dejaría que su hijo muriera por ti?

ROBERTO: No, pero lo que yo no entiendo es por qué el Hijo de Dios había de hacer eso por mí.

MIGUEL: Mira, escucha bien. Todos tenemos un corazón manchado por el pecado y hacemos muchas cosas malas. Dios tiene que castigar al pecador pero en vez de castigar a cada uno, él mandó a su Hijo Jesús para tomar el castigo de todos.

ROBERTO: Mi mamá dice que si hago bien, Dios me llevará al cielo.

MIGUEL: No, uno no va al cielo por hacer el bien, sino por creer que Jesús hizo todo por nosotros. Dile a Dios que quieres que él te perdone y que crees que Jesús murió por tus pecados. Pídele que venga a vivir en tu corazón.

ROBERTO: ¿Es eso todo? Me gustaría hacer esto ahora. ¿Me ayudas a orar?

(Miguel ora y Roberto repite lo que dice.)

ROBERTO: Qué bien me siento. Voy a casa a contarles a mis padres. . . *(sale)*.

MIGUEL: Roberto ya se olvidó de la moneda que había perdido. Pero creo que ha encontrado algo mucho mejor, ¿verdad?

CANSADO DE SER SAPO

Personajes: Narrador, Sapo, León, Mariela (*una niña*).

NARRADOR: Había una vez un sapo (*entra el sapo y se pasea por el escenario mostrando su irritación*) que estaba cansado de ser sapo. Le hubiera gustado ser otra cosa.

SAPO: (*Se detiene y se pasa la mano por la cara.*) ¡Qué vida más aburrida la de ser sapo, y peor todavía, un sapo feo! ¡Qué vida ésta, sin nada qué hacer más que pasarme el día sentado a la orilla de la laguna y croar como sapo! ¡Qué inútil me siento!

LEON: (*Entra rugiendo.*) ¡Hola, amigo Sapo! ¿Por qué estás tan triste? ¿Se secó tu laguna?

SAPO: No, no se secó mi laguna. Es que mi vida no tiene sentido. Estoy ABURRIDO de ser sapo. Me fastidia la laguna y quisiera ser otra cosa.

LEON: ¿Es eso todo? Yo creía que te pasaba algo serio.

SAPO: ¿Te crees que esto no es serio? ya no me aguanto. ¿¿¿Qué puede ser más serio que eso???

LEON: Bueno, no te enojes conmigo. Tienes razón, esto puede ser serio.

SAPO: ¿Que si puede ser serio? Estoy pensando hacer un hoyo en la laguna y enterrarme.

(*El sapo y el león hacen como que siguen conversando.*)

NARRADOR: El sapo y el león conversaron un buen rato. El león trató de convencer al sapo de que no desapareciera de la raza de los sapos, y se le ocurrió una idea. . .

LEON: Espera, espera tengo una idea.

SAPO: ¿Qué idea?

LEON: ¿Te acuerdas de ese cuento donde una bruja convierte en sapo a un apuesto príncipe? De seguro eso es lo que te pasó a ti. ¡¡¡Eres un príncipe y no un sapo!!!

SAPO: (*Entusiasmado.*) ¿De veras piensas que puede ser así?

LEON: Bueno. . . pudiera ser. . .

SAPO: ¡Fantástico! Lo único que tengo que hacer es encontrar una niña bonita que me dé un beso. Así ya no seré un tonto sapo, sino un apuesto príncipe. Pero.. . ¿dónde encontraré una niña bonita que quiera besar a un sapo feo como yo?

NARRADOR: En ese preciso instante se oyen voces que vienen del bosque y aparece cantando una niña bonita.

MARIELA: ¡Hola, amigo León! ¡Hola, amigo Sapo! ¿Cómo están ustedes?

LEON: Yo estoy muy bien, Mariela. Pero Sapo no muy bien.

MARIELA: ¿Ah! ¿Qué le pasa al señor Sapo?

SAPO: Estoy aburrido de ser sapo, pero ya tenemos resuelto el problema. Hemos decidido que en realidad yo no soy un sapo sino un apuesto príncipe en el cuerpo de un sapo. Lo único que tengo que hacer es encontrar una damita hermosa que me dé un beso y. . . ¡Ay! ¡Tú eres hermosa! ¿Me darías un beso? ¿Por favor? Si me das un beso me convertiré en un apuesto príncipe y dejaré de ser un sapo feo. ¿Por favor?

MARIELA: Sí, ¡claro que sí! ¡Pero tú no eres un sapo feo! Eres un sapo muy lindo. ¿Estás listo? ¡Aquí va el beso! (*Ruido de un beso.*)

SAPO: (*Espera y se mira ansioso. Se mira las manos, y el cuerpo.*) ¡No pasa nada! ¿Me das otro beso?

MARIELA: ¡Está bien! ¡Aquí va! (*Ruido de un beso.*)

SAPO: (*Se mira como antes.*) ¡Nada! ¡No pasa nada! (*Llora.*) Soy un sapo feo y no un príncipe.

LEON: Oh, amigo Sapo, ¡cuánto lo siento!

MARIELA: No hay por qué estar triste, señor León. ¡El señor Sapo es el que debiera estar triste!

SAPO: Sí, ¡lo estoy! ¡Estoy triste de ser sapo!

MARIELA: ¡Debiera darte vergüenza hablar así! ¡Debieras

estar triste por lo ingrato que eres! Dios te hizo sapo y debieras estar contento de serlo.

SAPO: (*Desafiante.*) ¿Sí? ¿Por qué? ¡Dame una razón! ¡Estoy seguro de que no podrás!

MARIELA: Te daré varias razones. (*Dirigiéndose al León.*) León, ¿puedes cazar moscas con tu lengua?

LEON: No, no puedo.

MARIELA: León, ¿puedes sentarte en medio de la laguna?

LEON: ¡De ninguna manera! ¡¡Me ahogaría!!

MARIELA: León, ¿puedes cantar con voz profunda?

LEON: No, ni tampoco soy un apuesto príncipe.

MARIELA: (*Dirigiéndose al sapo.*) Señor Sapo, ¿sabes de alguien que pueda cantar más fuerte que tú?

SAPO: No, pero. . .

MARIELA: ¿Sabes de alguien que pueda nadar con más agilidad que tú?

SAPO: No, pero. . .

MARIELA: ¿Conoces a alguien que pueda saltar más alto que tú?, ¿o más lejos?, ¿o mejor?

SAPO: No. . .

MARIELA: Entonces, ¿qué tiene de malo ser un sapo? Y, además, eres muy bien parecido.

SAPO: Pensándolo bien, ser sapo tiene sus ventajas. Yo puedo hacer muchas cosas que un príncipe no podría hacer. No es tan malo ser sapo. No, no lo es. Me conformo con ser sapo. ¡Vaya! ¡Si estoy feliz de ser un sapo! (*Sale del escenario seguido por los demás.*)

NARRADOR: Nuestro amigo el Sapo aprendió que cada uno de nosotros es especial. Cada uno es distinto de los demás. Y cada uno tiene "algo" que puede hacer que nadie más puede hacer exactamente como él. Sí, queridos amiguitos, así es. Por eso, podemos estar contentos y orgullosos de cómo nos hizo Dios.

DANIEL Y LOS LEONES

Personajes: Narrador, Rey, Primer Gobernador, Segundo Gobernador y Daniel.

NARRADOR: Daniel fue uno de los cuatro jóvenes llevados prisioneros, a un país extraño. Daniel amaba a Dios y llegó a ser tan importante en el reino que el rey lo nombró gobernador principal.
Los otros gobernadores se pusieron muy celosos porque Daniel ocupaba tan alto puesto. Veamos ahora qué le hicieron a Daniel.

ESCENA I

PRIMER GOBERNADOR: Tenemos que encontrar alguna falla en Daniel. El rey está planeando darle más poder del que tiene ahora.

SEGUNDO GOBERNADOR: Sí, vamos a observarlo muy bien para poder acusarle ante el rey.

PRIMER GOBERNADOR: Yo lo he estado observando y siguiendo por mucho tiempo; pero nunca hace nada malo. Trabaja siempre muy correctamente.

SEGUNDO GOBERNADOR: ¿Sabes qué? Todos sabemos que Daniel ora a su Dios tres veces cada día. Yo lo he visto arrodillarse muchas veces frente a la ventana de su dormitorio.

PRIMER GOBERNADOR: ¡Eso es! Tengo un plan. ¡Escucha! *(Se acercan y el primer gobernador habla al oído del otro, quien mueve su cabeza en señal de asentimiento. Salen.)*

ESCENA II

PRIMER GOBERNADOR: ¡Oh rey! ¿no firmó usted una ley que dice que por treinta días ninguno puede orar a Dios?

REY: Sí, la firmé. Es una ley que no puede cambiarse.

SEGUNDO GOBERNADOR: ¿Sabe el rey, que ese joven Daniel no está obedeciendo su ley? Todavía ora a su Dios tres veces cada día. Ahora, lo único que puede hacer es ordenar que Daniel sea echado al foso de los leones.

REY: ¿Cómo dices? ¿Por qué les habré escuchado a ustedes? ¡Yo nunca hubiera hecho una ley tan terrible! Daniel es el mejor gobernador. ¿Cómo puedo salvarlo?

PRIMER GOBERNADOR: Su excelencia, no hay nada que usted pueda hacer. Usted firmó la ley y usted mismo dijo que esa ley no puede ser cambiada. *(El rey sale demostrando tristeza. Luego los gobernadores salen riéndose.)*

ESCENA III

NARRADOR: Por fin el rey dio la orden que llevaran a Daniel al foso de los leones. Después de echarlo adentro, pusieron una piedra grande cerrando la entrada al foso. El rey puso su sello en la piedra para que nadie pudiera rescatar a Daniel.

REY: ¡Qué terrible todo lo que ha pasado! ¡Ay de mí! No pude dormir ni un momento en toda la noche ni quiero comer porque sigo pensando en lo que hice a Daniel. ¡Ojalá que el Dios de Daniel lo haya salvado de alguna manera! *(Pausa.)* ¿Qué puedo hacer? Iré al foso de los leones ahora mismo.

(El rey va hasta el foso y llama a Daniel.)

REY: Daniel. . . Daniel. ¿Pudo tu Dios a quien amas tanto salvarte de los leones?

VOZ DE DANIEL: Su Excelencia, mi Dios mandó a su ángel que viniera para tapar las bocas de los leones. No me han hecho daño, oh rey, porque yo no he cometido ninguna maldad.

REY: ¡Qué bien! ¡Qué bien! ¡Qué contento estoy al oír tu voz, Daniel! Daré órdenes para que te saquen inmediatamente. *(Sale.)*

NARRADOR: Cuando Daniel fue sacado del foso, ninguno de los leones lo había tocado. Estaba perfectamente bien porque confió en Dios. El rey mandó castigar a los gobernadores malos y envió un mensaje a todas las personas de su reino. Este mensaje decía: "Quiero que todos honren al Dios de Daniel. Es el único Dios viviente y eterno. El ha hecho grandes maravillas en los cielos y en la tierra. Es el Dios que salvó a Daniel del poder de los leones."

¿Saben ustedes, niños, que Dios es un Dios de amor y siempre les ayudará cuando lo necesitan, como lo hizo con Daniel? ¿Tendrán ustedes la valentía de creer y confiar en que él está al lado de ustedes listo para ayudarles? Escuchen lo que nos dice Dios en su Palabra "Porque yo Jehová soy tu Dios, quien te sostiene de tu mano derecha, y te dice: No temas, yo te ayudo" *(Isaías 41:13.)*

Segunda parte
Cachito y sus amigos

CACHITO, BUEN SAMARITANO

Personajes: Narrador, Cachito, Jorge, Mariela y Bravucón.

NARRADOR: Jorge caminaba rumbo a la tienda para hacer un mandado a su mamá. Por no fijarse dónde caminaba se cayó en un hoyo donde habían estado trabajando unos hombres. El hoyo no es muy profundo y Jorge no se lastimó. ¡Pero se quedó atascado sin poder salir!

JORGE: (*Sin aparecer en escena.*) ¡¡Ay!! ¡¡¡Oh!!! ¡¡¡No!!! ¡¡Estoy perdido!! ¡¡¡No puedo salir!!! Y ahora, ¿qué hago? ¡¡Ay!! ¡Tengo miedo que me coman los ratones! ¡Socorro! ¡¡Auxilio!! ¡¡¡Socorro!!!

BRAVUCON: (*Entra en escena. Habla con disgusto.*) Va a llover. ¿Por qué nunca sale el sol? (*Hace una pausa y escucha los gritos de Jorge.*) ¿Qué oigo? ¡Qué gritos! ¡¡Parece un ratón con dolor de estómago!!

JORGE: ¡¡Socorro! Por favor, ¡¡¡Socorrooooo!!!

BRAVUCON: (*Mira dentro del hoyo.*) Eh, Jorge, ¿qué haces allí? ¿Cómo te metiste en el pozo?

JORGE: No miraba por dónde caminaba y me caí. Por favor, ayúdame, ¡¡¡No puedo salir por mi propia cuenta!!!

BRAVUCON: (*Muy altanero.*) ¡No faltaba más! ¿Por qué he de ayudarte? Si eres tan tonto como para caerte en el hoyo, quédate allí. (*Sale del escenario.*)

JORGE: ¡Ay! Por favor, ¡no me dejes aquí! ¡Ayúdame! ¡Ya nunca podré salir solo de este pozo! ¡¡¡SOOCOO-RROOO!!!

MARIELA: (*Entra muy apurada.*) ¡Ay! ¡Tengo mucho que hacer! Las tareas de la escuela, la clase de piano, ¡¡y memorizar el Salmo 103 hoy mismo!! (*Oye a Jorge pidiendo auxilio.*) ¿Qué es eso? ¡¡¡Parece una voz de ultratumba!!! (*Mira dentro del hoyo.*)

JORGE: ¡Qué alivio! ¡Eres tú, Mariela! Por favor, ayúdame a salir de este hoyo.

MARIELA: ¡Imposible! No puedo detenerme a jugar tus jueguitos tontos! ¡Estoy muy ocupada! ¡Tengo mucho que hacer! (*Sale del escenario apresuradamente.*)

JORGE: ¿Qué voy a hacer? Tengo que salir de alguna manera. (*Se oyen ruidos.*) ¡Ay, no! ¡Oigo a los ratones! ¡SOCORRO! ¡¡SOOOCOOORRROOOO!!

CACHITO: (*Entra cantando.*) Cristo me ama, bien lo sé. . . (*Se detiene al oír los gritos de Jorge.*) ¿Quién grita? ¿Dónde estás?

JORGE: Aquí abajo, en este hoyo, por favor, ¡ayúdame a salir!

CACHITO: ¡Ah! ¿Eres tú, Jorge? (*Mirando en el hoyo.*) ¡En qué lío te has metido! Pero no te preocupes. ¡Ahora mismo te ayudo! (*Sale para ayudar a Jorge y luego entran los dos.*)

JORGE: Cachito, ¡muchas gracias! ¡No sé lo que habría sido de mí si no me hubieras ayudado!

CACHITO: Estoy contento de haber podido ayudarte. Después de todo, eso es lo que enseña la regla de oro. (*Al público.*) La Biblia dice: "Haz con otros lo que quieras que hagan contigo". Recuérdenlo y propónganse ayudar a alguien esta semana. (*Salen del escenario.*)

CACHITO Y LA MENTIRA

Josie de Smith

Personajes: Cachito y Satanás.

CACHITO: ¡¡Ay!! ¡¡Ay!! Me parece que me he metido en un lío. Mamá me dijo que, de la escuela, me fuera derecho a casa. Pero me fui a jugar con los muchachos. No sé por qué lo hice. Y hace una hora que debí haber llegado a casa. Ahora, cuando mamá me pregunte qué pasó, ¿qué le digo? ¡Qué enojada va a estar! ¡Ay! ¡Ay! ¡¡No sé qué hacer!!

SATANAS: Pobre Cachito, comprendo tu problema. Pero no te preocupes. Aquí me tienes a mí, tu buen amigo, dispuesto a ayudarte. Tú sabes que yo tengo solución a TODO, así que, ¡cálmate! Yo te diré cómo resolver el problema.

CACHITO: ¡Ay, Satanás! ¡Soy un fracaso! Tantas veces me ha pedido mamá que no me entretenga después de la escuela y, cuando estoy con la muchachada. . . ¡me olvido!

SATANAS: (*Consolando.*) Bueno Cachito, bueno Cachito, no te aflijas tanto. Lo que pasa es que tú eres un chico activo, con muchos amigos, las tardes están magníficas para jugar con los muchachos. Es natural que te olvides del consejo de tu mamá. A cualquiera le pasaría lo mismo.

CACHITO. ¿Te parece, Satanás? ¿Te parece que si le digo eso a mamá ella me comprenderá?

SATANAS: ¡Espera! ¡Un momento! Yo no dije tal cosa. ¿Cómo le vas a decir eso? ¿Cómo vas a admitir que olvidas sus órdenes? Eso le dolería mucho y tú no quieres herir a tu mamá, ¿verdad?

CACHITO: Verdad, no quiero herirla, pero. . . ¡ay! me parece que no hay manera de evitarlo.

SATANAS: Yo creo que SI puedes evitarlo. . . Tengo algo que sugerirte. . .

CACHITO: ¿¿¿Sí??? ¿¿¿Qué???

SATANAS: Pues mira, sencillamente le dices que la maestra te pidió que te quedaras después de clase para ayudarle a preparar una exposición. ¿Ves? Eso pondrá muy contenta a tu mamá. Pensará que la maestra tiene un concepto EXCELENTE de ti. ¿Ves? ¡Matas dos pájaros de un tiro! Solucionas tu problema y alegras a tu mamá. ¿Ves? ¿Ves? ¡Soy un genio para sacar a la gente de apuros!

CACHITO: Hum. . . tengo que admitir que la idea no es del todo mala.

SATANAS: ¿Que no es del todo mala? Cachito, ¡¡¡es genial!!! ¡¡¡Todas mis ideas son geniales!!!

CACHITO: No, no es del todo mala, pero le encuentro un defecto.

SATANAS: ¿¿Defecto?? ¡Imposible! Mi idea es per-fec-ta. A ver, ¿qué defecto le encuentras?

CACHITO: ¡Que tendría que decir una mentira muy grande!

SATANAS: Bah, bah, no te vas a preocupar por eso. No es una mentira TAAN grande. Es una mentirita insignificante, una mentirita blanca para no entristecer a tu mamá. Y, al fin y al cabo, ¿a quién lastimarías con tu mentirucha? ¡A nadie!

CACHITO: (*Dudando.*) ¿Tendrás razón, Satanás? Una mentirita blanca no es tan mala como una mentirota grandota, ¿no es cierto?

SATANAS: (*Aplaude.*) Así me gusta, Cachito, que seas razonable. (*Al público*) Me parece, me parece que a Cachito conseguí atraparlo. (*A Cachito.*) Bueno, Cachito, ahora debes planear bien cómo le vas a decir esto a tu mamá, no sea que al mirarte a los ojos se dé cuenta de "algo". . .

CACHITO: ¡Espera, Satanás! Yo no dije que aceptaría tu plan. Sólo lo estoy pensando. . . por un lado tu idea me gusta, pero. . . por otro lado NO ME GUSTA NADA. No señor, ¡nada! ¡nada!

SATANAS: ¿¿¿¿¿Por qué no te gusta?????

CACHITO: No me gusta porque. . . no sé. . . hay algo que me molesta. A ver si lo puedo definir. . . (*Queda pensativo.*)

Creo que tiene que ver con lo que me dijiste de que mamá, al mirarme a los ojos, puede darse cuenta de "algo". Al mentir tendré que disimular, tendré que ser falso.

SATANAS: Cachito, ¡¡¡qué exagerado eres!!!

CACHITO: ¡Cállate Satanás, y déjame seguir! Me gusta ser sincero con mamá. Ella lo es conmigo y si le miento, me parece que algo cambiará entre nosotros.

SATANAS: Exageras, exageras. ¿Qué cambiará? Nada. Tu mamá estará contenta y tú habrás resuelto tu problema.

CACHITO: Sí, puede ser que mamá se ponga contenta. . . pero contenta por algo que no es real, algo que no es auténtico. ¿De qué vale entonces? Y se me ocurre otra complicación. Si acepto tu solución, no sólo estaré diciendo una mentirita blanca. Mamá y yo estaremos viviendo, sí, VIVIENDO una mentira. ¿Me entiendes, Satanás?

SATANAS: (*Enojado.*) ¿Cómo te voy a entender si no haces más que decir disparates? Lo que entiendo es que no quieres aceptar la única solución a tu problema.

CACHITO: ¡¿Unica?! ¡No creas! Ya encontraré otra solución SIN MENTIR. Hablando de mentiras, me acordé de otra cosa.

SATANAS: ¿Qué? ¿Qué? ¿De alguna buena mentirita que dijiste alguna vez? ¡Cuéntame! ¡Cuéntame!

CACHITO: No, nada de eso. Me acordé de un texto en la Biblia donde habla de ti, Satanás, y dice que "todos los mentirosos tendrán su parte en el lago que arde con fuego y azufre". ¡Yo no quiero tener ni arte ni parte en ese lago!

SATANAS: (*Al póblico.*) ¡GRRR! ¡¡Cachito es imposible!! Descubrió mi plan. Quería que empezara con una mentirita para llevármelo, al final, a mi lago de fuego y azufre. Este chico lee demasiado su Biblia. ¡Por eso no pude vencerlo! ¡GRRR! Me voy a mi lago a darme un bañito ¡y a pensar en otra manera de vencer a Cachito!

CACHITO Y EL PERDON

Josie de Smith

Personajes: Cachito, Angel y Satanás.

CACHITO: (*Se tira de los cabellos. Golpea el escenario con furia.*) ¡Qué rabia! ¡Qué enojado estoy! ¡Mis mejores amigos! ¡Odiosos! ¿Cómo pudieron hacerme eso?

ANGEL: Amigo Cachito, ¿qué te pasa? Vamos, deja de chillar y cuéntame.

CACHITO: ¡Ay, amigo Angel, creo que nunca se me pasará el enojo! ¡Si supieras lo que me hicieron mis amigos! ¡No tienen perdón! (*Calmándose un poco.*) Bah, digo "mis amigos", pero digo mal. Yo no tengo amigos. No quiero saber nada de ellos. ¡¡¡No quiero volver a verlos!!!

ANGEL: ¿¿¿Qué pasó???

CACHITO: Pasó una cosa muy fea, una cosa requetefea. ¡Pasó una cosa imperdonable! Yo nunca se lo hubiera hecho a ellos. ¡¡¡Pero a ellos no les importó hacérmelo a mí!!!

ANGEL: Cálmate, Cachito y cuéntame.

CACHITO: Ya te cuento, ya te cuento. Resulta que proyectamos pasar el sábado pasado en la playa. La idea fue mía y todos dijeron que sí. Teníamos todo arreglado para ir cuando me dijeron que el paseo quedaba suspendido porque sus papás no los dejaban ir. . .

ANGEL: Vamos, Cachito, ¿por tan poca cosa estás enojado? Después de todo si los papás no los dejaban ir. . .

CACHITO: Espera, Angel. No he terminado de contarte todo. ¿Que los papás no los dejaban ir? ¡Eso es lo que me contaron a mí! Y yo, como un buen tonto me lo creí. ¿Cómo imaginar que me harían una cosa así? Grrr. . . (*Vuelve a tirarse de los cabellos y a patalear.*)

ANGEL: Cachito, Cachito, basta de gritar. Termina de contar. ¿Qué pasó?

CACHITO: (*Con gran énfasis.*) Pasó que. . . ¡¡¡se fueron a la playa sin mí!!! Para librarse de mí, me dijeron que no iban. ¡Y yo fui el de la idea! ¡Me despreciaron! ¿Te das cuenta ahora, Angel? No son más mis amigos. ¡Han muerto para mí!

ANGEL: Sí, Cachito, me doy cuenta que te hicieron una mala jugada. Lo que te hicieron tus amigos es muy feo.

(*Entra Satanás.*)

SATANAS: ¿Que fue feo dices? ¡¡¡Fue terrible!!! ¡¡¡Es lo último!!! ¡Despreciar a Cachito! Cachito tiene mucha razón al estar rabioso y enojado. (*A Cachito.*) Cachito, haces bien en decir que esos chicos ya no son tus amigos. Haces bien en decir que no tienen perdón.

CACHITO: Gracias Satanás. Eres un consuelo para mí.

ANGEL: ¡Bonito consuelo! Cachito, admito que tus amigos no se portaron bien; pero peor estarás tú si sigues pensando así.

CACHITO: ¿Y cómo quieres que piense, Angel?

SATANAS: Sí, ¿cómo quieres que piense? ¿Quieres que haga como que nada ha pasado? ¿Quieres que siga siendo amigo de esos chicos tan falsos? ¿Quieres que tenga compañías tan malas? Ya sabes que dicen: “Dime con quién andas, y te diré quién eres”. ¿Quieres que Cachito sea como ellos?

ANGEL: Por supuesto que no quiero que Cachito sea como ellos. ¡Qué ocurrencia! Pero tampoco quiero que Cachito diga que no serán más sus amigos, ni que diga que es una cosa imperdonable.

CACHITO: ¿Y por qué no, Angel? Creo que tengo que darle la razón a Satanás. No quiero saber nada de esos muchachos. ¡¡¡¡Grrr!!!!

SATANAS: Cálmate, Cachito. El camino a tomar es muy claro. ¿Te rechazaron? ¡Recházalos tú! ¿Te despreciaron? ¡Despréciales tú! ¡¡Vamos, muchacho, a la acción!! Yo te ayudaré para que puedas hacerles sentir en carne propia lo que ellos te hicieron sentir a ti. (*Con orgullo.*) Soy especialista en venganzas. Déjalo en mis manos y quédate tranquilo.

CACHITO: Gracias Satanás. Yo creía que eras malo, pero veo que tienes tu lado bueno y quieres ayudarme.

ANGEL: ¡Cachito! ¡¿Qué estás diciendo?! ¿Enojo? ¿Venganza? ¿Pagar mal por mal? ¿Eso es lo que realmente quieres?

CACHITO: Esteeeee. . . (*Débilmente.*) es lo lógico, ¿no?

ANGEL: Lo lógico, quizá, pero no lo mejor. Tú quieres lo mejor, ¿verdad?

CACHITO: ¿Lo mejor? (*Dudando.*) Sí. . . yo quiero lo mejor. . . pero. . . ¿qué es lo mejor en este caso. . .?

SATANAS: ¿Lo mejor? Yo te lo diré, Cachito. Lo mejor es que dejes todo en mis manos y yo te iré mostrando paso a paso cómo vengarte de tus supuestos amigos.

CACHITO: Tu idea no es mala, Satanás. Pero seamos justos y escuchemos lo que opina el Angel.

ANGEL: Opino, mi estimadísimo Cachito, que te estás dejando dominar por el resentimiento. ¿Y a quién perjudicas con tu resentimiento? Te perjudicas a ti mismo. Sí, si sigues furioso, enojado, resentido, te haces mal a ti mismo.

CACHITO: ¿Te parece?

ANGEL: Sí, me parece. Así no solucionarás tu problema.

CACHITO: ¿Y qué solución propones tú?

ANGEL: Propongo que perdones y olvides.

SATANAS: ¡Protesto! ¡Protesto! ¡Qué ridículo! ¿Cómo vas a perdonar? ¡Recuerda el mal que te hicieron!

ANGEL: Peor mal le hicieron a Jesús y él perdonó. Cachito, en este momento estás manchado por el enojo, el resentimiento y los deseos de venganza. Si perdonas, te sentirás como si acabaras de darte un baño. ¡¡Te sentirás LIMPIO!!

CACHITO: Hum. . . La verdad es que me siento muy mal. Pero, ¿manchado? Sí, supongo que podrías decirlo así. ¿Y te parece que me sentiré mejor si perdono?

SATANAS: Cachito, Cachito, no hagas preguntas tontas. Ya te dije que dejes todo en mis manos.

CACHITO: Espera, Satanás. No me apures. Ahora que el Angel mencionó el perdón, me acordé de lo que dice la Biblia: "Si perdonáis a los hombres sus ofensas, os perdonará también a vosotros vuestro Padre celestial; mas si no perdonáis a los hombres sus ofensas, tampoco vuestro Padre os perdonará vuestras ofensas." No hay lugar a dudas. Si quiero que Dios perdone mis ofensas, tengo que perdonar a los muchachos que me ofendieron. ¡No hay vuelta que darle! A la una. . . a las dos y. . . ¡a las tres! Lo digo: los perdono, sí, los perdono. (*Salta y ríe.*) Qué bien me siento ahora. El ángel tenía razón. ¡Perdonar es sentirse limpio!

SATANAS: ¡Este Cachito es un desastre! Casi, casi me lo gané para mí. Pero él y su Biblia pueden más que yo. Me voy a buscar otros chicos que no sepan lo que dice la Biblia. ¡¡¡Rayos y truenos!!! Grrr. . .

¿QUE ES EL AMOR?

Personajes: Maestro, Ani, Cachito y su perrito Manchita.

MANCHITA: (*Entra brincando y cantando feliz.*) ¡Estoy enamorado! ¡Estoy enamorado! ¡Viva el amor!

MAESTRO: ¡Hola, Manchita! ¿Sabes acaso qué es "amor"?

MANCHITA: ¡Claro que lo sé! ¿Piensa usted que porque soy un perro no sé nada?

MAESTRO: Muy bien, Manchita, dime qué es "amor"?

MANCHITA: Ah. . . a ver. . . el amor es. . . como iba diciendo. . . pienso que. . . amor es. . . ¡Ay de mí! ¡¡¡Nooo sé!!! (*Suspira muy triste.*)

MAESTRO: Está bien. No te preocupes. Hay mucha gente que no sabe qué es el amor. Mira, aquí vienen Ani y Cachito. Quizá puedan ayudarnos. (*Entran Ani y Cachito.*)

ANI Y CACHITO: ¡Hola, Maestro!

MAESTRO: ¡Hola!

ANI Y CACHITO. ¡Hola, Manchita!

(*Esperan el saludo de Manchita pero éste no contesta.*)

CACHITO: ¿Qué le pasa a Manchita?

MAESTRO: Le pasa que le pregunté si sabe qué es el amor y no supo contestarme. Por eso, lo está pensando ahora.

ANI: ¡Oh, Manchita! el amor es una cosa linda, es cuando mamá me acompaña a acostarme de noche y me da un beso.

MANCHITA: (*Preocupado.*) ¡Ay, ay! ¡A mí nadie me acompaña a acostarme ni me da un beso!

CACHITO: ¡No te preocupes, Manchita! El amor es más que abrazos y besos. Amor es cuando papá arregla mis juguetes rotos. . .

MANCHITA: (*Interrumpiendo*) Pero yo no tengo juguetes, sólo un hueso viejo. . . ¿y quién puede arreglar eso?

ANI: Manchita, ¿te acuerdas cuando estuviste enfermo y mamá te llevó al vete. . . vete. . .?

MAESTRO: Veterinario, Ani.

ANI: ¡Ah, sí! Bueno, eso es amor.

CACHITO: Amor es cuando mi hermano mayor me enseña a jugar al fútbol.

MANCHITA: ¡Creo que comienzo a entender! ¿Amor es cuando ladro para avisar de la presencia de un extraño?

ANI: ¡Exactamente! ¡Y cuando mamá te da esa comida tan sabrosa!

MANCHITA: Sí, ¡me la da y nunca se olvida!

CACHITO: Amor es cuando limpio mi habitación para darle una sorpresa a mamá.

MAESTRO: Veo que saben qué es amor. ¡Qué bueno!

CACHITO: ¡Ah, sí! Lo sabemos porque papá nos explica. También lo aprendemos estudiando la Biblia.

ANI: Sí, es verdad. Aprendemos cómo Dios nos ama, más que nadie en el mundo.

MAESTRO: Muy cierto. Dios nos ama y la Biblia dice que DIOS ES AMOR.

MANCHITA: (*Saltando contento.*) ¡Ya sé! ¡Ya sé! ¡Ya se la respuesta! ¡Eso! ¡Eso es amor.! ¡Dios es amor! ¡Sí, sí, Dios es amor!

ANI, CACHITO Y MANCHITA: (*Tararean suavemente.*) Dios es amor, Dios es amor. . . (*Al público.*) ¡Canten con nosotros!

(*Después del canto el maestro puede güiar el diálogo entre los presentes sobre "qué es el amor" y "cómo se expresa entre nosotros".*)

CACHITO TESTIFICA

Graciela Broda de Arabia

Personajes: Cachito y su amigo Pablo.

CACHITO: ¡Hola, Pablo! ¿Cómo estás? ¿Te gustó el culto del domingo? Después no tuvimos tiempo de hablar. (*Pausa, Pablo no contesta.*) ¡Pablo! ¡Hola! ¿Qué te pasa?

PABLO: (*Reacciona.*) ¡Ah. . .! Hola, Cachito, ¿cómo estás?

CACHITO: Yo, bien, pero. . . ¿qué te pasa? Te preguntaba si te había gustado la reunión de nuestra iglesia el domingo.

PABLO: (*Dudoso.*) Sí. . . me gustó. . .

CACHITO: ¿Tienes algún problema?

PABLO: Sí y no. Precisamente tiene que ver con el culto del domingo. Desde entonces me siento mal. Cuando estaba sentado en el banco del templo sentía que todo lo que el pastor decía, ¡me lo decía a mí!

CACHITO: ¿Cómo? ¡Explícame!

PABLO: Sí, yo quisiera hacer las cosas mejor y tener esa alegría que ustedes parecen tener siempre. Y quisiera tener la seguridad de que soy hijo de Dios. Pero no sé cómo hacer. No entendí nada de eso que llaman "conversión", o algo así. Yo sé que hago cosas malas. Por ejemplo, mil veces me he propuesto ser más obediente, ¡pero no hay caso!

CACHITO: Pablo, voy a explicarte una cosa para que veas que tu problema tiene solución. Todos pasamos por este sentimiento que tienes ahora. Sientes que tus pecados no te permiten tener una relación estrecha con Dios. Y, dime si me equivoco, quieres ser su hijo y ser salvo del castigo del cual habla la Biblia, que habrá para los que no creen en Jesús.

PABLO: ¡Sí, sí, eso exactamente!

CACHITO: La Biblia dice que "si confesamos nuestros pecados, él es fiel y justo para perdonarnos y librarnos de toda maldad". Lo que necesitas hacer es orar.

PABLO: ¿Orar? ¡Yo no sé orar!

CACHITO: ¡Es fácil! Háblale al Señor como me estás hablando a mí. Dile que sabes que el pecado te separa de él. Cuéntale que estás triste por las cosas malas que has hecho.

PABLO: ¿Y qué más?

CACHITO: Pídele perdón. Acuérdate que Dios mandó a su Hijo, Jesucristo, a morir en la cruz para que nosotros no tengamos que pagar por los pecados cometidos. Dice la Biblia: "Porque de tal manera amó Dios al mundo que dio a su Hijo unigénito, para que todo aquel que en él cree, no se pierda, mas tenga vida eterna." ¿Quieres que oremos juntos?

PABLO: Sí, ayúdame, porque yo nunca oré, ni sabría cómo hacerlo solo.

CACHITO: Si quieres, repite esta oración conmigo. (*Inclinan sus cabezas para orar.*) Señor, te pido perdón por todas las cosas malas que hice.

PABLO: (*Va repitiendo y haciendo suya la oración.*) Señor, te pido perdón por todas las cosas malas que hice.

CACHITO: Te doy gracias por haber mandado a tu Hijo a morir para pagar mis faltas.

PABLO: Te doy gracias por haber mandado a tu Hijo a morir para pagar mis faltas.

CACHITO: Te pido que entres en mi vida hoy y limpies mi pecado. Quiero ser un hijo tuyo. En el nombre de Jesús, Amén.

PABLO: Te pido que entres en mi vida hoy y limpies mi pecado. Quiero ser un hijo tuyo. En el nombre de Jesús, Amén. (*Se enderezan al terminar la oración.*)

PABLO: Gracias, Cachito, eres un gran amigo. Me siento mucho mejor ahora. Pero. . .

CACHITO: Pero ¿qué?

PABLO: ¿Cómo hago ahora para saber lo que Dios espera de mí? ¿No hay algún libro de texto que me lo enseñe?

CACHITO: Hummm. . . Quieres un libro de texto, ¿eh?

PABLO: Sí, eso es lo que necesito para aprender más acerca de Dios y lo que él espera de mí.

CACHITO: Vamos a mi casa. Quiero prestarte una Biblia y enseñarte cómo leerla. ¡La Biblia será tu libro de texto!

PABLO; ¿Una Biblia para mí? ¡Magnífico! ¡Vamos! (*Salen rápidamente del escenario.*)

UN TRABAJO MUY ESPECIAL

Graciela Broda de Arabia

Personajes: Cachito, Maestra de la clase de escuela dominical, Jorge y Mariela (*dos niños de la clase*) y el Pastor.

Escena I (*Entran la Maestra, Cachito, Mariela y Jorge*)

MAESTRA: Niños, ahora que estamos en la clase de escuela dominical quiero decirles algo que me ha pedido el pastor. Me ha solicitado que elija a un alumno de nuestra clase para un trabajo especial, un trabajo MUY especial.

MARIELA, JORGE Y CACHITO: ¡¡¡Yo, señorita, yo, yo!!!

MAESTRA: Me alegra ver el entusiasmo que tienen, pero todos no pueden ser. Debemos elegir a uno.

MARIELA: Elíjame a mí que soy la que nunca falto y siempre estudio mi lección y soy la más rápida para memorizar los textos de la Biblia.

JORGE: No, elíjame a mí. Yo siempre salgo primero en los concursos.

CACHITO: Eíjame a mí, señorita, elíjame a mí.

MAESTRA: El que sea elegido tendrá que estar dispuesto a venir media hora antes del culto.

MARIELA: ¿¿Media hora antes?? ¡¡Eso es muy temprano!!

MAESTRA: Y tendría que barrer el salón y ordenar las Biblias en los bancos para la reunión porque el encargado de hacerlo está enfermo.

JORGE: (*Se hace hacia atrás.*) ¡Uy, no!, eso no me gusta. A mí no me elijan.

MARIELA: A mí tampoco. ¡No quiero ensuciarme antes del culto!

CACHITO: ¡Yo lo haré! Yo ayudaré gustoso al pastor hasta que el encargado mejore.

MAESTRA: ¡Así me gusta! ¡Gracias, Cachito!

Escena 2 (*Están en escena todos los personajes. De un lado está el pastor, los demás frente a él.*)

PASTOR: Queridos hermanos, todos los años en esta fecha reconocemos a un niño de nuestra escuela dominical que se haya destacado.

MARIELA: ¡Es seguro que el premio me lo gano yo! ¡¡¡Nadie se aprendió el Salmo 23 tan bien como yo!!! ¡¡¡Soy una campeona memorizando textos de la Biblia!!!

JORGE: ¡No! ¡¡¡Me lo gano yo!!! ¿¿¿Quién es el campeón regional de esgrima bíblica???

CACHITO: (*Suspira.*) Yo ni sueño con el premio. No soy bueno para memorizar textos bíblicos. Tampoco soy campeón de esgrima bíblica. ¡¡¡Yo no me he destacado en nada!!!

PASTOR: El premio este año será para un niño que me ha impresionado.

MARIELA: ¡Se refiere a mí!

JORGE: ¡¡No lo creo!! ¡¡Se refiere a mí!!

CACHITO: Yo no impresiono a nadie, así que estoy seguro de que no se refiere a mí.

PASTOR: Como les estaba diciendo, el premio este año será para un niño que me ha impresionado por varias razones. El premio este año será para Cachito quien, con gran entusiasmo y sentido de responsabilidad, está ayudándonos en el arreglo del templo.

MARIELA Y JORGE: ¿Para Cachito? ¡No puede ser! ¡¡¡Debe haber un error!!!

CACHITO: ¿¿Para mí?? ¡¡No puede ser!! ¡¡¡Debe haber un error!!!

PASTOR: Sí, es para ti, Cachito, Sí, puede ser. Y no, no se trata de ningún error.

CACHITO: ¿Por qué a mí?

PASTOR: Porque has demostrado que sabes aplicar lo que aprendes en la escuela dominical. Memorizar textos es importante. . .

CACHITO: (*Interrumpe.*) Sí, que lo es. Y yo no soy bueno para memorizar textos.

PASTOR: Ser bueno en esgrima bíblica es importante. . .

CACHITO: (*Vuelve a interrumpir.*) ¡Sí, que lo es! Yo encuentro los textos bíblicos, pero nunca primero.

PASTOR: Sí, estudiar y memorizar la Biblia es importante.

Saber encontrar las citas bíblicas es importante. ¡¡¡Pero hay algo más IMPORTANTE!!!

MARIELA, JORGE Y CACHITO: ¿Qué será? ¿Qué será?

PASTOR: Más importante es APLICAR las enseñanzas de la Biblia. Por eso, Cachito se lleva el premio.

CACHITO: ¡¡No entiendo!!

JORGE: ¡Yo tampoco!

MARIELA: ¡Ni yo!

PASTOR: Cuando pedimos que alguien nos ayudara a preparar el santuario antes de los cultos, Cachito se ofreció.

JORGE Y MARIELA: ¡Ay! ¿Por qué no lo habremos hecho nosotros?

PASTOR: Y no sólo se ofreció para ayudar. . .

JORGE Y MARIELA: ¿Ah, no? ¿Qué más?

PASTOR: Durante todo este tiempo ha cumplido su responsabilidad sin faltar ni una sola vez. Cachito, queremos obsequiarte esta Biblia en agradecimiento por el magnífico servicio que estás realizando para tu iglesia y para el Señor.

JORGE: (*A Mariela.*) ¿Sabes? El pastor tiene razón.

MARIELA: (*A Jorge.*) Sí, el pastor tiene razón.

CACHITO: Gracias, pastor, por esta valiosa Biblia. Será un tesoro para mí.

JORGE Y MARIELA: (*Mientras aplauden.*) ¡Viva Cachito! ¡Viva Cachito!

CACHITO Y LA ORACION

Graciela Broda de Arabia

Personajes: Cachito, Angel y Satanás.

(*Se escuchan voces lejanas de miembros de una familia que se despiden para dormir. Aparece Cachito en escena listo para acostarse.*)

CACHITO: ¡Uy, qué cansado estoy! El partido de fútbol me dejó molido. Me caigo de sueño. (*Bosteza y se acuesta.*)

ANGEL: Cachito, Cachito, estás olvidando algo muy importante.

CACHITO: (*Bosteza.*) ¿Algo muy importante? Lo que sea tendrá que esperar hasta mañana, señor Angel.

ANGEL: No, Cachito, no puede esperar. Es el momento más importante del día. ¿Cómo vas a dormirte sin hablar con Dios?

CACHITO: Sí, claro, tienes razón. (*Se dispone a orar. Angel se retira y entra Satanás.*)

SATANAS: ¡Cachito! ¡Cachito! ¿¿Qué haces todavía despierto?? Con lo cansado que estás. . . duérmete ya. Tu almohada, tan blanda y acogedora te espera. . .

CACHITO: Sí, Satanás, pero antes quiero tener mi tiempo tranquilo para leer la Biblia y orar a Dios.

SATANAS: Mira, mira se te caen los ojos de cansancio. ¡Te lo digo por tu propio bien! Deja todo para mañana. Mira el reloj. ¡Qué tarde es!

CACHITO: ¡Tienes razón! (*Vuelve a bostezar.*) Será mejor que me acueste ya.

SATANAS: (*Al público.*) ¡Ya lo convencí! Cachito es mío. Si logro que no lea la Biblia hoy, pensaré en una excusa para que no la lea mañana ni pasado mañana, ni pasado pasado mañana. ¡¡Sí, puedo estar seguro que Cachito ya es mío!!

CACHITO: (*Pensativo.*) Estoy cansado, pero me gusta conversar con Dios al final del día. Además, siempre aprendo algo bueno cuando leo mi Biblia.

SATANAS: (*Al público.*) ¡Y yo creía que Cachito ya era mío! Por lo visto tengo que seguir trabajando un poco con él. (*Dirigiéndose a Cachito.*) Cachito, tienes un poco de razón, pero, ¿para qué leer la Biblia y orar TODOS LOS DIAS? ¿No te parece que eres un exagerado? ¿No te parece que eres un fanático? Si hoy te vas a dormir sin leer la Biblia y orar no pasará nada, ¡¡¡absolutamente nada!!! ¿Acaso Dios no es un Dios comprensivo? El comprenderá si por esta noche solamente te vas directamente a dormir. Dios sabe que estás cansado.

CACHITO: ¡Basta, Satanás! ¡No quiero escucharte ya más! Y escúchame bien lo que te digo: Por más cansado que esté, quiero terminar el día bien y con la Palabra de Dios en mi mente al irme a dormir. (*Simula leer la Biblia.*) Mira qué magnífico versículo encontré: "En paz me acostaré, y asimismo dormiré; porque solo tú, Jehová, me haces vivir confiado." Así que, vete ya Satanás porque no quiero tener nada contigo.

SATANAS: (*Al público, mientras se aleja.*) ¡¡Rayos y centellas!! ¡¡¡Me enfurece que Cachito ore y lea la Biblia todos los días!!! Grrr. . . ¡¡¡Si no fuera tan fiel en esto me resultaría más fácil tentarlo!!!

¿QUE LEERA CACHITO?

Graciela Broda de Arabia

Personajes: Cachito y su amigo Bravucón.

CACHITO: (*Aparece en el escenario estirando los brazos.*) ¡Ah! ¡Qué alivio! Ya terminé mis tareas de la escuela. ¿Qué puedo hacer ahora? ¡Ya sé! ¡Voy a leer un rato! (*Sale del escenario y vuelve a entrar con un libro. Se detiene y lo mira sorprendido.*) ¡Qué raro! Este no es el libro misionero que traje de la biblioteca de la iglesia. ¿De quién será? (*Mira el libro más detenidamente.*) ¡Ah! ¡Debe ser el libro que me prestó Raúl, mi compañero de escuela!

BRAVUCON: (*Entra.*) ¡Hola Cachito! ¿Así que estás pensando leer?

CACHITO: Sí, pensaba empezar a leer un libro misionero, pero encontré éste que me prestó un compañero. Ahora no sé cuál elegir. ¡Qué dilema!

BRAVUCON: ¿Dilema? ¿Dilema? ¡Yo te ayudaré a resolver tu dilema! ¿Así que pensabas leer un libro misionero? ¡Qué aburrido! ¡¡Eso es para la gente grande!! Ya podrás leerlos más adelante. Pero ahooooraaaa, ¿por qué no lees este que te prestaron? Yo lo conozco. ¡¡Es MUY in-te-re-sante!!

CACHITO: ¿Te parece? ¿Estás seguro de que es interesante? Ten en cuenta que es uno de esos libros que papá me aconsejó que nunca leyera y. . .

BRAVUCON: (*Interrumpiendo.*) ¡Vamos! Todos los papás dicen lo mismo. Si tu papá te dijo que no lo leyeras es porque cree que todavía eres chiquito. Pero ya eres grande como yo, y yo leo cualquier cosa. Además, ¿qué mal te puede hacer leer un simple libro?

CACHITO: Tal vez tengas razón. . . pero. . . no sé. . .

BRAVUCON: (*Imitando a Cachito.*) "No sé, no sé". ¿Por qué lo piensas tanto? Todo está muy claro. No seas nene. Lee este libro que te prestaron. Vas a ver que te gustará. Sé lo que digo. Yo lo leí.

CACHITO: (*Dudoso.*) ¿De veras?

BRAVUCON: Sí, y ¿sabes? Se lo recomendé a los otros chicos de la escuela y ¡todos lo leyeron! ¿Qué vas a decirles cuando te pregunten? ¿Que eres el único "santito" que no lo leyó? Sigue mi consejo si no quieres que piensen que eres "rarito".

CACHITO: (*Decidido.*) No quiero que piensen que soy "rarito" ni que se burlen de mí, pero, ¿sabes? me fascinan las aventuras de personas que dedicaron su vida al servicio de Dios en lugares remotos y exóticos como Africa y China. Además, este asunto de los libros me hace acordar a un proverbio de Salomón. Dice: "Abominación son a Jehová los pensamientos del malo; mas las expresiones de los limpios son limpias."

BRAVUCON: ¡Qué exagerado eres! Pero, en fin, supongamos que podrás aprender algo. ¿De qué te servirá? ¿Qué puedes hacer tú por las misiones? ¿Qué tienen que ver contigo? ¡No pensarás irte ahora mismo al Africa! ¡Ja! ¡Ja!

CACHITO: ¿De qué me servirá? ¿Qué tiene que ver todo eso conmigo? ¿Qué puedo hacer yo por las misiones? ¡Mucho, Bravucón, mucho! Te olvidas de que la Biblia dice que puedo orar, y que debo ser un misionero donde estoy. Puedo "brillar" en las cosas que hago todos los días.

BRAVUCON: (*Muy enojado.*) ¡¡¿¿Brillar??!! ¿¿Qué tiene que ver eso con leer un libro??

CACHITO: ¡¡Mucho!! No me convencerás de que leer este libro sería bueno, mal amigo. ¡Voy ahora mismo a devolverle el libro a Raúl. (*Sale corriendo pero vuelve sorpresivamente y habla desde un costado del escenario.*) Eh, Bravucón, me olvidaba contarte otra cosa que dice la Biblia. Jesús dijo: "Todo aquel que me confesare delante de los hombres, también el Hijo del Hombre le confesará delante de los ángeles de Dios." ¿Viste que magnífica promesa para los que "brillan" para Cristo en el lugar donde estén? Tú también podrías brillar si te decidieras. (*Sale cantando.*)

BRAVUCON: Nunca lo había pensado. Quizá, quizá Cachito tenga razón. Corro para pedirle que me preste su libro misionero cuando termine de leerlo. ¡Estoy cansado de ser un bravucón!

Tercera parte
Ani y sus amigas

ANI Y LAS DECISIONES

Graciela Broda de Arabia

Personajes: Ani, Satanás

(*Satanás aparece solo en el escenario hablando con voz muy fuerte.*)

SATANAS: ¡Será grandioso! ¡Será una obra maestra! ¡La cumbre de mi carrera!

ANI: (*Entra en el escenario asombrada.*) ¡Hola! ¿Qué te sucede?

SATANAS: (*Tratando de disimular.*) Nada, nada. . . , hablaba conmigo mismo.

ANI: Sí, ya me di cuenta. ¡Tus gritos se oyen desde lejos! ¿En qué estás pensando?

SATANAS: Pues. . . en nada importante. . . cosas de mi trabajo; sí, eso, cosas de mi trabajo.

ANI: ¿Trabajo? ¡La verdad es que nunca pensé que tuvieras un trabajo! ¡De qué trabajas?

SATANAS: (*Confundido, sin saber qué contestar.*) ¿De qué trabajo? Pues. . . hago muchos trabajos. ¿Qué importa eso? Una metidita de pata aquí, una metidita de pata allá. . .

ANI: ¿¿¿Y eso es un trabajo???

SATANAS: (*Herido en su orgullo.*) ¡POR SUPUESTO que es un trabajo! Además, mi trabajo es FUNDAMENTAL. En estos momentos estoy a punto de realizar algo que cambiará el curso de la vida de miles de personas.

ANI: (*Asombrada cada vez más.*) ¿¿¿De veras???

SATANAS: (*Con mucho orgullo.*) Voy a escribir un libro.

ANI: ¿Un libro?

SATANAS: (*Algo molesto.*) Pues sí, un libro. ¿Qué tiene de asombroso? (*Dándose importancia.*) ¡He escrito muchos libros! Es más. (*Con aire misterioso.*) SOY EL QUE TENGO más libros publicados en todo el mundo.

ANI: ¿Tú un escritor? Nunca me imaginé. Además, nunca vi un libro escrito por ti.

SATANAS: (*Con el mismo aire misterioso.*) Je, Je, es que yo utilizo infinidad de seudónimos.

ANI: ¿Y sobre qué vas a escribir esta vez?

SATANAS: Sobre un tema importantísimo: "Cómo tomar decisiones."

ANI: ¿Cómo tomar decisiones?

SATANAS: Sí, cómo tomar decisiones. Ese será el título.

ANI: (*Interesada por el título.*) La verdad es que a mí me vendrá bien leerlo. ¡Nunca sé cómo tomar una decisión!

SATANAS: ¿Ves, ves?, todo el mundo lo leerá. ¡Mi obra será única!

ANI: ¿Y tú sabes cómo tomar una buena decisión?

SATANAS: ¡Por supuesto! He ideado un método infalible.

ANI: (*Entusiasmada.*) ¿Un método infalible?

SATANAS: Sí, consiste de algunos pasos básicos que te llevan a descubrir la mejor decisión.

ANI: (*Cada vez más entusiasmada con la idea.*) ¡Cuéntame! ¡Cuéntame!

SATANAS: El primer paso consiste en preguntarse: ¿Qué es lo más beneficioso para mí?

ANI: ¿Pero no es eso muy egoísta?

SATANAS: Por supuesto que no. Tú te ocupas de tu bien, el otro se ocupa del suyo. Eso es todo.

ANI: (*No muy convencida.*) Pues a mí no me parece muy bien.

SATANAS: Déjame que termine y verás cómo tengo razón. (*Continuando con la explicación.*) El segundo punto importante es que siempre debes ganarle a los demás. La pregunta será entonces: ¿Cómo puedo ganarle a los demás?

ANI: ¿Por qué? No te entiendo.

SATANAS: (*Paternalmente.*) Es la ley de la vida. Tú tienes que luchar siempre por estar por encima de los demás.

ANI: (*Confundida.*) ¿Siempre?

SATANAS: Sí, siempre. Y por último debes preguntarte: ¿Qué es lo que me hará más popular? Contestando estas tres preguntas, encontrarás la decisión correcta que debes tomar.

ANI: ¿Y eso es infalible?

SATANAS: ¡Por supuesto que sí!

ANI: No sé, a mí me parece que no está de acuerdo con lo que dice la Biblia.

SATANAS: ¿La Biblia? (*Confiado.*) A ver, ¿dónde puedes encontrar en la Biblia un método para tomar decisiones?

ANI: (*Pensativa*) Creo que en ningún lado. . .

SATANAS: (*Contento con su victoria.*) ¿Ves? Es imposible que mi método contradiga a la Biblia, porque la Biblia NO DICE NADA respecto a esto.

ANI: Bueno, es cierto que no podemos encontrar en ninguna parte que diga: "Cómo tomar decisiones. . ."

SATANAS: Exacto, todos de acuerdo.

ANGEL: (*Aparece caminando tranquilamente en el escenario.*) Pues no, no estamos todos de acuerdo.

SATANAS: (*Alarmado.*) ¡Oh, no! Otra vez tú. (*Pensándolo mejor*) De cualquier manera, esta vez no podrás decir nada. ¡No existe ningún capítulo en la Biblia donde explique cómo tomar decisiones acertadas!

ANGEL: Es cierto, no existe ningún capítulo. . .

SATANAS: ¡¡¡Huijjjjaaa!!! (*Saltando por todo el escenario.*) ¡El ángel me dio la razón! ¡El ángel me dio la razón!. . .

ANI: (*Dirigiéndose al ángel.*) Entonces, ¿el método del diablo es el mejor camino para tomar una decisión?

ANGEL: Yo no dije eso.

(*Satanás, que había seguido saltando y festejando, se para en seco y se vuelve hacia el ángel.*)

SATANAS: ¿¿¿¿Cómo????

ANGEL: Es muy sencillo. La Biblia no dedica ningún capítulo específico para hablar sobre cómo tomar buenas decisiones, porque TODA la BIBLIA habla sobre ello.

ANI: (*Sin poder comprender.*) ¿Toda la Biblia?

ANGEL: Es muy sencillo, Ani. A través de toda la Biblia tenemos ejemplos de buenas y malas decisiones. Además, Jesús nos enseña algo muy importante: Orar. Frente a una decisión podemos pedirle a Dios que nos ayude, con la certeza de que lo hará. Esto es muy importante.

ANI: (*Contenta por el descubrimiento.*) ¡Es cierto! No había pensado en eso.

ANGEL: Y eso no es todo. La Biblia nos dice: "Buscad primeramente el reino de Dios y su justicia, y todas estas cosas os serán añadidas." Esto nos enseña qué es lo que debemos buscar. Jesús nos enseñó como primer mandamiento a amar a Dios y a nuestro prójimo. Y él lo hizo. ¿Qué pasaría si ante una decisión te preguntaras: "Qué haría Jesús en mi lugar"? ¿No sería una experiencia interesante?

(*Ani y el ángel se van del escenario. Satanás se queda pensativo.*)

SATANAS: ¿Qué hice mal esta vez? ¿Por qué ANI y el ANGEL siempre me ganan con la Biblia? (*Enojado. Saliendo del escenario.*) Grrr. . . la próxima vez verán. . . grrrr. . . ya pensaré algo. . .

ANI Y EL GRAN SECRETO

Graciela Broda de Arabia

Personajes: Ani, Satanás, Angel

(*Ani aparece caminando por un lado y Satanás por el otro.*)

SATANAS: (*Muy contento.*) ¡Hola, Ani! ¿Cómo estás? ¡Qué hermoso día! ¡Qué precioso día! ¡Hace tanto calor que la gente no sabe qué hacer, están desesperados!

ANI: (*Sin prestarle mayor atención.*) Hola.

SATANAS: Bueno, bueno. . . (*Inquisitivo.*) Parece que no has tenido un día muy bueno, ¿no? (*Contento.*) Déjame adivinar. A ver. . . ¿te han puesto una mala nota?

ANI: No.

SATANAS: Entonces, te peleaste con alguna de tus compañeras.

ANI: No, nada de eso.

SATANAS: Hummm. . . pues, entonces tuviste algún problema con tus papis.

ANI: No, y no sigas. No es nada de eso.

SATANAS: Ajá. . . y entonces, ¿qué pasó?

ANI: Pasó que creo que soy muy cobarde.

SATANAS: ¡¡¡¿¿¿Cobarde???!!! (*Entusiasmado.*) ¡Cuéntame, cuéntame que parece MUY interesante!

ANI: Pues a mí no me parece NADA interesante.

SATANAS: (*Tratando de convencerla.*) No te enojes, no te enojes, fue sólo una manera de decir. Cuéntame qué pasó, vamos.

ANI: (*No del todo convencida.*) Bueno, te lo contaré. Estábamos en uno de los recreos en la escuela y nos pusimos a hablar un grupo junto a la puerta de nuestra aula. En un momento, no recuerdo bien cómo, alguien sacó el tema de la Biblia y de creer en Dios. En seguida saltó Marisa para decir que eran todas mentiras y comenzó a burlarse de la gente que creía en esas cosas. Yo estaba a punto de pararme y decirle que estaba equivocada. . . (*se detiene unos minutos*) en ese momento todos . . . todos comenzaron a reírse. . .

SATANAS: (*Riéndose.*) Ja, Ja, Ja. ¡Qué genial esta Marisa! Voy a tener que darme una vuelta después para felicitarla. ¡Ja, Ja, Ja, Ja... . !

ANI: (*Enojada.*) ¿Qué dices?

SATANAS: (*Tratando de disimular.*) Este. . . no, nada, sigue contándome.

ANI: Pues eso es todo. Cuando vi que todos festejaban lo que Marisa decía me dio mucha vergüenza y no dije absolutamente nada.

SATANAS: (*Sin darle mucha importancia.*) Yo no veo nada importante en esto.

ANI: (*Disgustada.*) Cómo, ¿no puedes entender?

(*En ese momento entra el ángel por uno de los costados.*)

ANGEL: ¿Quién no puede entender qué. . .?

SATANAS: (*Pegando un salto enojado.*) ¿Qué haces tú aquí?

ANGEL: Vine a conversar con Ani, simplemente. (*Volviéndose hacia Ani.*) ¿Has tenido algún problema o me parece a mí?

ANI: (*Triste.*) No, no te parece, lo he tenido.

ANGEL: (*Con voz muy dulce, como para tranquilizarla.*) Bueno, a ver, ¿qué ha pasado?

ANI: En la escuela dominical siempre hablamos de que tenemos que saber defender la verdad y lo que creemos, . . . pero yo, hoy, en lugar de eso me quedé callada sin decir una palabra.

ANGEL: (*Comprensivo.*) Ya comprendo, ya comprendo.

ANI: Sé que tendría que haberme parado y haberles explicado que estaban equivocadas, pero me dio mucha vergüenza.

SATANAS: (*Acercándose a Ani le pone la mano en la espalda y trata de llevársela caminando hacia otro lado.*) Vamos, Ani, ya te dije que es algo sin importancia. ¿Qué le vas a hacer? Otra vez, tal vez en otra oportunidad. . .

ANGEL: (*Interrumpiéndolo.*) A mí me parece que tiene importancia.

ANI: (*Se para en seco y se vuelve ansiosa hacia el Angel.*) ¿Verdad que sí? Pero yo hice todo lo posible, sabía que debía hacerlo, pero. . . no logré abrir la boca. . .

SATANAS: (*Tratando de cambiar de tema.*) Muy bien, en

boca cerrada no entran moscas. Y hablando de otra cosa. . .

ANGEL: (*Interrumpiéndolo nuevamente.*) Hablando de otra cosa ¡nada! Tú cállate y déjanos conversar.

SATANAS: (*Se calla de mala gana, y luego mirando al público.*) Grrr. . . ya veo que este Angel me arruina el día. Grrr. . .

ANGEL: (*Siguiendo la conversación con Ani sin prestar atención a Satanás.*) Por lo que me dijiste, tú sabías qué debías hacer y trataste de hacerlo, y eso está muy bien.

ANI: (*Contenta.*) ¡¡¿¿De veras??!!

SATANAS: ¡Pero eso es lo que yo he dicho todo el tiempo! ¿Vieron, vieron. . .?

ANGEL: Eso es todo lo que tú podías hacer, pero te falta algo; te falta descubrir el Gran Secreto.

ANI Y SATANAS: (*Gritan al unísono.*) ¡¡¡¿¿¿El Gran Secreto???!!!

ANGEL: Sí, Dios nos ha dejado un secreto escondido en la Biblia que nos da la clave para vencer la cobardía.

ANI: (*Sorprendida.*) ¿Un secreto escondido en la Biblia?

SATANAS: (*Incrédulo.*) Vamos, un secreto en la Biblia, ¡si es un libro muy viejo!

ANGEL: Vemos. La Biblia nos dice: "Pedid y se os dará", y también nos dice "Encomienda a Jehová tu camino, y confía en él y él hará." Si pensamos detenidamente en estas dos cosas ya tenemos el secreto.

SATANAS: ¡¡Qué secreto, ni qué secreto!! ¡¡Estas frases son más viejas que la invención de la rueda!!

ANGEL: Nosotros debemos poner todo nuestro empeño para realizar bien las cosas. Una vez que sepamos que lo hemos hecho, podemos pedirle a Dios que nos ayude para alcanzar eso que, solos, no podemos.

ANI: ¿Y le podemos pedir que nos ayude cuando queremos abrir la boca para hablar y no podemos?

ANGEL: (*Sonriendo.*) Sí, y cuando no sabemos qué decir; y cada vez que pensemos "no puedo". . .

(*Ani y el Angel se alejan del escenario. Satanás queda solo.*)

SATANAS: (*Malhumorado.*) Grrr. . . Secretos, abrir y cerrar bocas. . . , este Angel me arruinó el día. ¡Otro fracaso con Ani! (*Alejándose por el escenario.*) ¡Qué día más horrible! ¡Qué dolor de cabeza tengo! ¡No debería haber salido en un día así. . .! ¡Otra vez Ani con su Biblia me venció!

ANI ¿FEA O BONITA?

Josie de Smith

Personajes: Ani, Satanás.

ANI: (*Entra cantando contenta.*) Larí, lará, ¡qué contenta estoy!

SATANAS: Contenta, ¿eh? Francamente no sé cómo puedes estar contenta.

ANI: ¿Y por qué no voy a estarlo?

SATANAS: ¡Y todavía me lo preguntas! ¿Acaso no te das cuenta?

ANI: ¿Darme cuenta? ¿De qué? Estoy contenta y no tengo ninguna razón para no estarlo.

SATANAS: ¿Ah, no? Pues yo te puedo dar una razón ya que tú no te has dado cuenta.

ANI: A ver, a ver, ¿por qué tendría que estar triste?

SATANAS: Pues. . . yo en tu lugar lo estaría.

ANI: Mira Satanás, ya me estás cansando con tus indirectas. Si me vas a decir las cosas directamente te escucho, si no, vete ya.

SATANAS: No me eches, Ani querida. Ya que lo pides te haré ver por qué yo, en tu lugar estaría muuuy triste.

ANI: Te escucho.

SATANAS: (*Saca un espejo.*) Mírate bien. ¿Ves? ¿Ahora ves? ¡Cómo puedes estar contenta!

ANI: (*Titubea.*) Bueno. . . veo mi cara. Y la verdad es que no soy ninguna belleza. . .

SATANAS: (*Interrumpe.*) ¿Viste? ¿Viste? Sigue mirando.

ANI: Bueno. . . mis ojos. . . no son extraordinarios. . . no son grandes ni chicos. No tengo las pestañas largas y espesas como mi amiga Camelia.

SATANAS: ¡Camelia! ¡Qué nombre hermoso! El tuyo, en fin. . . no tiene nada de distinguido. Pero sigue, sigue mirándote al espejo. ¿Qué más ves?

ANI: (*Suspira.*) ¡Ay! No me hagas mirar mi nariz. Es larga y me la veo cuando miro hacia abajo, no necesito verla en el espejo. Quedaría bien en una cara gordita, pero en la mía. . .

SATANAS: (*Interrumpe nuevamente.*) ¡Esa nariz en tu cara delgada parece un monumento! (*Se ríe a carcajadas.*)

ANI: (*Ofuscada, hacia el público.*) Satanás tiene razón. ¡Qué fea soy! Y eso que hasta ahora sólo miramos mi cara. Por suerte no dijo nada de mis piernas.

SATANAS: ¿Qué estás diciendo entre dientes que no te oigo? En realidad no importa. Lo que quiero hacerte notar también son TUS PIERNAS. Flacas, ¿no?

ANI: Antes de empezar a hablar contigo, Satanás, me sentía bonita. Ahora, en cambio, me veo fea. Al final, ¿soy linda o soy fea?

SATANAS: (*Al público.*) Je, je. Esta vez Ani no se me escapa. Ya estoy consiguiendo que se crea FEA. En realidad no lo es, pero todo es cuestión de lograr que piense negativamente. Je, je. (*Dirigiéndose a Ani.*) Además de que no eres linda, andas siempre con ese horrible libro negro en la mano, ¡Qué mal te queda!

ANI: ¿Qué? ¿Qué libro? ¡Ah, mi Biblia! Mi querida Biblia. Qué bueno que me hiciste recordar que en la Biblia es donde encontraré la verdad acerca de cómo soy, ¡no de tus labios mentirosos!

SATANAS: (*Se hace el inocente*) Pero Ani, si yo te digo lo que te dice tu espejo. Lo que ves allí es la verdad.

ANI: Es la verdad a medias, Satanás. Estoy segura de que en mi Biblia encontraré la verdad completa.

SATANAS: Ja, ja, ja. ¿Y qué verdad puede ser esa? ¡No me hagas reír, Ani querida! Ja, ja, ja.

ANI: Espera un momento. . . creo recordar un versículo.

SATANAS: ¡Imposible! Si la Biblia se escribió antes que tú nacieras, ¿qué puede decirte de ti?

ANI: ¿Sabes? Estoy recordando más de un versículo y si no dejas de molestarme te los diré.

SATANAS: Ja, ja, ja, ¡cómo me haces reír, Ani!

ANI: Escucha bien, Satanás: "Creó Dios al hombre a su imagen, a imagen de Dios lo creó, varón y hembra los creó." Yo fui hecha a la imagen de Dios así que soy hermosa.

SATANAS: Ani, ya empiezas a fastidiarme. Me voy.

ANI: Antes de irte escucha esto: "Todo lo hizo hermoso en su tiempo". Dios me hizo bonita a mi manera, ¿sabes?

SATANAS: (*Grita.*) ¡No aguanto más!

ANI: ¿Ah no? Pues te diré otro versículo: "El corazón alegre hermosea el rostro" así que si quiero ser bonita debo estar contenta. (*Comienza a cantar alegremente.*) "Tal como soy Señor"

SATANAS: (*Yéndose muy enojado mientras Ani sigue cantando*) GRRRR. Esta chica con su Biblia siempre me vence. Será mejor que me vaya a buscar otra niña que no sepa tantos versículos de la Biblia. GRRRRR.

ANI VA AL CULTO

Laura Frances Snow

Personajes: Ani, Satanás.

ESCENA I: (*En la casa de Ani. Ani se prepara para ir al culto.*)

ANI: ¡Qué lindo el Día del Señor! Todavía es temprano, pero quiero empezar con tiempo y arreglarme para no llegar tarde al culto. Aquí tengo mi Biblia y mi himnario donde los dejé anoche.

SATANAS: No te apures, no van a empezar a la hora, come algo antes de irte. . . además, ¿para qué llevas tu Biblia? Si la gente en la iglesia ni la usa siquiera. Nadie lleva su Biblia; te van a hacer burla. ¡Oh, mira! Está empezando a llover. Mejor es que no vayas. Total no te van a echar de menos. Hace mucho frío, es mejor que te acuestes de nuevo.

ANI: ¿Qué es eso? ¿Qué tentaciones son éstas?. . . Yo voy al templo y llegaré a la hora, no importa el frío, el hambre o el cansancio. "Yo me alegré con los que me decían: A la casa de Jehová iremos."

SATANAS: ¡Bah!. . . a mí no me vengas con las Escrituras, yo las sé muy bien también.

ESCENA II: (*En el templo.*)

ANI: (*Llegando al templo.*) ¡Qué linda estuvo la escuela dominical esta mañana! Ahora en el culto me sentaré muy adelante para oír mejor y no ser interrumpida por nada.

SATANAS: Siéntate atrasito nomás, no te pongas tan adelante. Atrás están las chiquillas, así puedes conversar un poquito con ellas. El culto no empieza todavía. Aprovecha para charlar un rato.

ANI: ¡No! No es bueno sentarse atrás. El pastor ha pedido que nos sentemos adelante y así lo haré, aunque no haya empezado el culto. Porque yo sé muy bien que ésta es la casa de Dios. También de esta manera puedo meditar un ratito: "Jehová está en su santo templo; calle delante de él toda la tierra."

SATANAS: ¡Caray! Otra vez me ganó esta chiquilla. ¡Ah, pero espérate nomás! Tengo que vencerte.

(*Música de fondo como si estuviera empezando el culto.*)

ANI: Es algo maravilloso ser cristiana y estar aquí, adorando a Dios juntamente con todos mis hermanos. ¡Qué privilegio tan grande me ha dado el Señor!

SATANAS: (*Mientras habla Satanás, Ani debe seguir interpretando su papel con gestos, sin decir nada.*)

Pst. . . pst. . . pst. . . ¡Ani, mira la señora tan gorda que viene entrando. ¡Mira! Se ve tan graciosa, vuélvete para verla mejor.

(*Ani mueve la cabeza negativamente.*)

Ya van a cantar. Mejor será que tú no cantes, ¿sabes? Tú ni conoces ese himno. Debieran elegir himnos que la congregación sepa. ¡No! No participes (*Ani hace como que está cantando.*)

¡Ah! Mira el bebé de la hermana Raquel. ¡Qué lindo es! ¿Por qué no juegas con él un poquito? (*Ani mueve la cabeza negativamente.*) ¡Mira! Te está mirando a ti. ¡Qué amoroso es! Ya el bebé está inquieto y la mami no puede escuchar el sermón. . . ¡ja. . . ja. . . ja! Justo lo que yo quería.

¡Oh, oh! ¡No me digas que vas a orar ahora! (*Ani inclina la cabeza.*) Esta es tu oportunidad. Ninguna persona grande te está mirando. Aprovecha para pedir la revista que Marta estaba hojeando. ¡No! No ores. ¡Y no me digas que ahora vas a dar ofrenda! ¡Ay de mí! Qué largo está predicando el pastor. Las palabras que usa tú ni las entiendes. Mira a Elena: te está escribiendo una notita. . . ah. . . es para ponerse de acuerdo contigo por la fiesta de cumpleaños. Contéstale ahora porque después no vas a tener tiempo de conversar con ella. Estás muy cansada, Ani, ¿por qué no duermes un ratito? Mejor es que vayas a tomar un poco de agua. Mira, las otras chiquillas todas están saliendo de a una. Anda sin hacer ruido. Nadie se va a dar cuenta. (*Ani se tapa los oídos.*) Esta chiquilla no me hace caso. ¡Qué rabia me da! . . . Gr. . . gr. . . gr. . . gr. . .

Por fin terminó este culto. Tan largo que resultó (*Ani se levanta y va lentamente a un lado del escenario.*) Ahora puedes contarle a Susana ese chiste que Juan te contó. ¿Recuerdas que era tan gracioso? Un poquito de doble sentido, pero lo principal es que tiene mucha gracia. ¡Ah!. . . y cuéntale a Berta lo que dijo de ella Rosa. ¿Te acuerdas eso tan feo que dijo de ella?

ANI: ¡Basta! Satanás, yo no puedo hacer lo que tú me dices. Tú no podrás hacerme caer en tentación de portarme mal en el culto, porque yo reconozco tu voz y además de eso la Palabra del Señor dice: "Mi casa, casa de oración será llamada" y yo he venido al templo porque quiero adorar a Dios. Y sé muy bien que con tus insinuaciones no puedo adorarlo, porque con chismes, mentiras, conversación y risas no se le puede adorar. Por esa razón trataré cada día de ser más reverente en la Casa de Dios y adorarle en espíritu y en verdad.

SATANAS: ¡Caramba. . .! No hay caso con esta niña. Está convertida de verdad. . . mejor me voy.

ANI Y SUS DOS MIL PESOS

Laura Frances Snow

Personajes: Ani, Satanás, Angel.

ANI: ¡Imagínate! Yo, Ani, ¡tengo DOS MIL PESOS ENTEROS! Y todo para mí, para usar como YO quiera. ¡Qué contenta estoy! Voy a sentarme aquí mismo a decidir exactamente lo que quiero hacer con mi plata. Una cosa sé. . . voy a gastarla toda en MI.

SATANAS: Muy bien dicho, Ani. Tus dos mil pesos son para ti y tienes todo el derecho de gastarlos como TU quieras. ¡Pero cuidado! Porque ahí vienen tus amigas. No vayas a tener la idea tonta de compartirlos con ellas. Nada de tonterías, mi hijita.

ANI: ¡Por supuesto que no! Si los comparto con todas mis amigas no me quedará nada para mí. . . ¡Y estos dos mil pesos SON MIOS!

ANGEL: Ani, Ani, ¿cómo es eso? ¿Cómo puedes tú ser tan egoísta? ¿Cuántas veces tus amigas te han convidado con bebidas gaseosas y helados? ¿Cuántas veces te han prestado sus revistas para leer? ¿No sabes tú que la gran bendición de ser dueña de esta cantidad de dinero es poder usarlo para hacer feliz a otra persona?

ANI: Bueno, ¡tienes razón! (*Se muestra un poco avergonzada.*) No quiero ser egoísta pero. . .

SATANAS: No dejes que te engañe, Ani. La plata es tuya. Tienes todo el derecho de usarla como tú quieras.

ANI: ¿A ver? Yo creo que esto alcanza para ir al cine y para comprarme unos caramelos también. Entonces quedaría algo para el transporte y posiblemente para un helado después.

ANGEL: ¿Y qué de tu diezmo?

ANI: Mi ¿qué?

ANGEL: Tu diezmo, Ani. ¿Cómo me preguntas eso? Cuántas veces te he escuchado repetir: "Prometo. . . practicar la mayordomía de mi dinero, mi tiempo y mis talentos." "Practicar la mayordomía" empieza con tus dos mil pesos.

SATANAS: ¡Ya pues! ¡No seas tan exagerado! Si Ani quiere hacer una ofrendita está bien, pero. . . ¡¿la décima parte?! ¡Eso sí que es mucho!

ANI: El diezmo de dos mil pesos sería. . . a ver. . . doscientos pesos ¡Recórcholis! Doscientos pesos es precisamente el precio de un helado.

ANGEL: Espera Ani. ¿No te acuerdas que el apóstol Pablo dijo: "Dios ama al dador alegre"?

SATANAS: ¡No ves! Dios quiere que tú estés feliz. No tienes que sacrificarte tanto. Otras personas tienen más plata que tú. ¡Que diezmen ellas!

ANGEL: ¡Cuidado! No te olvides lo que dice la Biblia en Malaquías 3:8: "¿Robará el hombre a Dios? Pues vosotros me habéis robado. Y dijisteis: ¿En qué te hemos robado? En vuestros diezmos y ofrendas."

ANI: Yo no quiero robar a Dios. Realmente amo a Dios y no quiero desagradarle.

SATANAS: Pero doscientos pesos no es nada. No tiene gran importancia para la ofrenda de la iglesia. Ni se echarían de menos tus pesitos. ¡No te pongas fanática! ¡Gózate! ¡La plata es tuya!

ANI: Es verdad. Doscientos pesos son pocos para la iglesia pero es mucho para mí. ¡Después de todo la plata es mía!

ANGEL: No Ani, estás equivocada. "Mía es la plata, y mío el oro, dice Jehová". Tú eres una simple administradora de lo que llega a tus manos porque todo pertenece a Dios. La Biblia dice: "Se requiere. . . que cada uno sea hallado fiel." No debes pensar que lo que tú puedes hacer o lo que tú puedes ofrendar es poco. Dios no mira la *cantidad* sino la *fidelidad.*

SATANAS: ¡Bah! ¡Tonterías!

ANI: Está bien. Yo quiero ser un mayordomo fiel. ¿Pero qué puede hacer la iglesia con mis pobres pesos?

SATANAS: ¡Nada! ¡Doscientos pesos no es NADA!

ANGEL: Tus doscientos pesos se juntan con los diezmos y ofrendas de otros cristianos para pagar el sueldo del pastor. Imagínate cómo te sentirías tú si un día el tesorero de la iglesia dijera: —Falta plata para pagar el sueldo del pastor. Necesitamos doscientos pesos más. . . ¡¡¡y tú comiendo un chocolate!!!

ANI: ¡Qué vergüenza! Qué terrible sería si mi pastor pasara hambre porque yo no diera mi diezmo.

ANGEL: Tus pesitos ayudan a pagar la luz, el agua, la literatura, el aseo del templo. ¿No estarías contenta de poder ayudar así en la obra del Señor?

ANI: ¿Todo eso hago con mis doscientos pesos?

ANGEL: Todo eso. . . y aún más. . .

SATANAS: ¡Ani! ¡Ani! ¡No escuches esa propaganda!

ANI: ¡Cállate! Yo quiero saber las cosas maravillosas que se pueden hacer con mi ofrendita.

ANGEL: ¡Bravo! Como estaba diciendo. . . tus ofrendas ayudan (*Agregar aquí obras para las cuales se usan las ofrendas en su iglesia.*)

ANI: No tenía idea que mi dinero podía hacer tanto. De ahora en adelante la iglesia puede contar con mis diezmos y ofrendas. Estoy feliz de poder tener parte en la obra del Señor. No voy a robar a Dios. Y seré una DADORA ALEGRE.

SATANAS: (*Haciendo señas amenazantes, se dirige al Angel.*) ¡Bah! ¡Otra vez he perdido!

ANI Y LA AUDACIA

Graciela Broda de Arabia

Personajes: Ani, Satanás.

ANI: (*Entra en el escenario despacio. Se detiene y suspira.*) ¡Ah! ¡Qué día más feo! ¡¡¡Me siento muy mal!!!. . .

SATANAS: ¡Ani! ¿¿¿Qué te pasa???

ANI: Pues. . . no sé. . .

SATANAS: Vamos, vamos, cuéntame. (*Contento.*) ¿Tal vez hiciste algo malo? ¿¿¿ehhhh???

ANI: ¿Algo malo? ¡No!. . . Bueno, en realidad no sé. . .

SATANAS: Vamos Ani, ¡¡¡no vas a tener miedo de contármelo a mí!!! Vas a ver, yo puedo entenderte perfectamente. ¡Cuéntame, cuéntame!

ANI: Es que sucedió algo feo en la escuela, y yo me siento muy mal.

SATANAS: ¿¿¿¿Algo malo???? ¡¡Pues cuéntamelo, me muero de ganas por saberlo!!

ANI: Bueno, resulta que hoy teníamos clase de música. Cuando la profesora se dio vuelta para escribir en el pizarrón, uno de mis compañeros le arrojó una tiza. . . y. . . fue a dar justo en la cabeza de la maestra.

SATANAS: JA, JA, JA. . . ¡¡Qué bueno!! ¡¡Qué buena puntería tuvo!! ¡¡¡JA, JA, JA!!!

ANI: (*Enojada.*) No te rías, que no fue nada gracioso. ¡La maestra se enojó muchísimo! Se dio vuelta inmediatamente y comenzó a preguntar quién había sido.

SATANAS: JA, JA, JA, ¡qué poco sentido del humor! Ji, Ji, Ji, Jiii. . . ¡Qué divertido! JA, JA. . .

ANI: Bueno, ¿me dejas que siga contándote o no?

SATANAS: (*Tratando de aguantar la risa.*) Sí, ji, ji. . . Sigue, sigue.

ANI: Por supuesto, mi compañero no dijo nada. La profesora estaba cada vez más enojada. . .

SATANAS: (*Interrumpiéndola.*) ¡¡No sé por qué!! ¡Si fue un simple chistecito!

ANI: Chistecito o no, estaba muy furiosa.
SATANAS: ¿Y qué pasó? ¿Qué pasó después?
ANI: Como nadie decía ser el culpable, la maestra preguntó quién había visto al que había sido. Pero tampoco nadie dijo nada.
SATANAS: ¡Bien hecho! ¿Cómo van a delatar a un compañero? ¡Eso no hubiera sido amistad! ¿Y el buen compañerismo? Muy bien, hicieron muy bien.
ANI: ¿Te parece? La verdad es que yo no estoy muy segura. . .
SATANAS: ¿Qué dices? ¡Si todo salió perfecto!
ANI: ¡Pero fue una falta de respeto muy grande a la maestra! Yo no creo que esas cosas puedan hacerse tranquilamente.
SATANAS: ¿¿Y por qué no?? Fue un chiste, salió bien. Todos se divirtieron y listo, nada más.
ANI: A mí me parece que más que un chiste fue una burla muy fea.
SATANAS: ¿¿¿Burla??? ¿Por qué? ¡No! ¡No! Me parece que estás equivocada. ¡Deberías estar contenta de tener un grupo de compañeros tan audaces!
ANI: No sé. . . la verdad es que yo lo había visto, y estaba a punto de pararme y decir quién fue. . .
SATANAS: ¡¡¡¡ANI!!!! ¿¿Cómo se te ocurrió una cosa así??
ANI: Tal vez debería haberlo hecho.
(*Con tristeza.*) Pero tuve miedo de que me tomaran por una soplona.
SATANAS: (*Luego de dar un suspiro de alivio.*) Claro, suerte que lo pensaste a tiempo ¡Imagínate el disgusto de tus compañeros! ¡Cómo se hubieran enojado!
ANI: Pensé en todo eso. Me hubieran tomado por una cobarde y nadie habría querido ser mi amigo.
SATANAS: Por supuesto, por supuesto. Estoy totalmente de acuerdo. (*Contento le palmea la espalda.*) Muy bien, Ani, debes estar contenta de no haber dicho nada. Les has demostrado que eres muy audaz tú también. Excelente, excelente.
ANI: Pero yo me siento muy mal, y no creo para nada que haya hecho bien callándome. . . (*como exusándose.*) ¿Pero qué iban a decir mis compañeros?
SATANAS: (*Haciendo esfuerzo por tratar de convencerla.*) Eso, eso, ¿qué iban a decir? ¡No podrías pasar por una

cobarde! Piensa en eso. ¡No podías hacer otra cosa!

ANI: (*Pensativa, como tratando de recordar.*) Ahora que me hablas de audacia. . . sí, ya me acuerdo. La semana pasada nuestra consejera nos estuvo hablando sobre qué era la audacia. . . ¡Y no me parece para nada que lo que hizo mi compañero haya sido algo bueno!

SATANAS: (*Asustado.*) Ani, ¿pero qué dices? ¿Qué más audaz de lo que hizo tu compañero?

ANI: Bueno, fue audaz, pero no fue. . . ¿Cómo decirlo?. . . No fue audacia buena.

SATANAS: (*Enojado.*) Audacia, audacia mala, ¿qué es eso? La audacia es audacia. ¡¡No compliques las cosas!!

ANI: Sí, sí, ¿cómo no me acordé antes? Nuestra consejera nos dijo que debíamos ser audaces. . .

SATANAS: (*Interrumpiéndola contento.*)¿Viste, viste? Ella me da la razón.

ANI: No, estás muy equivocado, déjame terminar. Dijo que debíamos ser audaces, pero que "audacia" no era sólo hacer cosas atrevidas, porque podíamos hacer cosas que no fueran buenas.

SATANAS: Ani, Ani, siempre terminas en lo mismo. Créeme a mí, yo te digo lo mejor. . .

ANI: ¡Ah! Ya me doy cuenta, ¿querías engañarme? ¡Pues no has podido! Para que sepas, la verdadera audacia es defender la verdad, y estar dispuesto a hacer lo bueno aunque las consecuencias sean, por ejemplo, pasar por cobarde. En la Biblia dice: "Mira que te mando que te esfuerces y seas valiente; no temas ni desmayes, porque Jehová tu Dios estará contigo en dondequiera que vayas."

SATANAS: (*Desanimado.*) Ani, Ani, ¿qué dices?

ANI: (*Contenta.*) ¿Qué digo? Que mañana le explicaré a la maestra todo lo sucedido.

SATANAS: Cometerás un grave error. ¿Y tu compañero?

ANI: Tienes razón. No debo olvidar a mi compañero. También hablaré con él y le diré lo que he aprendido. ¡Tal vez nadie se lo ha dicho antes!

(*Sale del escenario contenta.*)

SATANAS: (*Llorando.*) No puede ser, no puede ser, ¡se me escapó otra vez! Ya la tenía. . . y se me volvió a escapar. ¡¿Por qué, por qué siempre tiene que recordar lo que le enseñan en la iglesia?! (*Se aleja quejándose.*)

ANI Y EL ORGULLO

Josie de Smith

Personajes: Ani, Angel, Satanás.

ANI: (*Contenta.*) ¡Cuánto quiero a mi espejo! Me miro en él y me devuelve una imagen encantadora. ¡Ah! (*Suspira de felicidad.*) Tengo que admitir que soy muy linda.

ANGEL: Vamos Ani, ¿no te parece que estás exagerando un poco?

ANI: (*Ofendida.*) ¿Exagerando? ¿Te parece?

SATANAS: No Ani, no estás exagerando. Eres muy linda. Mucho más linda que Mónica y diez mil veces más linda que Graciela. ¿Viste qué granitos horripilantes tiene en la cara la pobre Graciela?

ANI: Sí, es verdad, pobre Graciela. En cambio, yo, tengo un cutis perfecto. Ni un granito, ni una mancha. ¡Nada! Mi cutis es suave como la seda.

ANGEL: Ani, Ani, ¿es para tanto?

ANI: Hay pocas chicas de mi edad que tengan el cutis tan perfecto. ¿No te parece, Angel, que tengo motivo para sentirme orgullosa?

ANGEL: No, no tienes motivo ¿Acaso tú inventaste tu cara? ¿O es el resultado de algo que hiciste? ¿Recuerdas el proverbio que dice: "antes de la caída la altivez de espíritu"? A ver Ani, si por presumida, un día de estos te empiezan a salir granitos a ti también. Al fin y al cabo es muy común en las chicas de tu edad. Tiene que ver con el desarrollo, y luego pasa. Espera un tiempo. Ya verás como a Graciela se le compone el cutis.

SATANAS: No le hagas caso, Ani. Es imposible que te salgan granitos. Pero puedes simpatizar con Graciela y decirle que lamentas que ella no tenga un cutis tan perfectísimo como el tuyo.

ANGEL: Satanás, ¡qué dices!

ANI: No seas tan duro, Angel. Quizá pudiera decirle eso a Graciela.

ANGEL: ¿AAAAAAAAH SIIIIIIIIII? ¿Y por qué se lo dirías? ¿Porque realmente lo lamentas? ¿O sería una manera sutil de hacerle ver qué lindo cutis tienes tú?

SATANAS: (*Burlonamente.*) Eh, Angel, que hoy estás hecho todo un psicólogo. Deja a Ani. Después de todo, tiene derecho de hacer algo para que otros se den cuenta de lo linda que es. No es justo que tanta hermosura no se destaque.

ANI: Bueno. . . pero. . . yo no quisiera decir nada que hiriera a Graciela. . .

ANGEL: Muy bien, Ani.

ANI: Pero. . . también me gusta que otros noten lo linda que me estoy poniendo.

ANGEL: ¡Otra vez! Exageras, Ani, exageras.

ANI: Bueno. . . no seré tan, tan, TAN linda, pero en conjunto, ¿no te parece que soy muy atractiva?

ANGEL: Lo que me parece es que se te han ido los humos a la cabeza.

SATANAS: Protesto, protesto. ¡Qué humos, ni qué humos! Ani, eres preciosa.

ANI: Eso es lo que pienso también yo, Satanás.

SATANAS: (*Salta y grita de alegría.*) ¡Al fin me das la razón en algo! (*Al público.*) Me parece que le encontré el punto débil a Ani. Gracias al orgullo caerá en mis garras. (*A Ani.*) Ani, invita a salir a Mónica y a Graciela. Paséate con ellas y te destacarás, ya que eres la más linda de las tres. Y te voy a dar otro consejo. Ni se te ocurra andar con Susy y Nancy. Ya ves qué lindas son, y con ellas no te lucirías para nada.

ANI: (*Sorprendida.*) ¡Qué dices Satanás! ¿Crees que voy a elegir a mis amigas por su aspecto?

SATANAS: ¿Y por qué no? ¿Qué tiene de malo? ¿Acaso no es importante lucirse? Yo te doy consejos para que te veas más linda. Eso es importante.

ANI: Bueno, importante es. . . pero. . .

ANGEL: Ani, me alegro de que empieces a recapacitar.

ANI: Hum. . . es importante. . . pero ¿tan importante?

SATANAS: (*Gritando.*) Sí que es importante lucir linda. Sí que lo es. Es muy importante. Muy importante. Es lo más importante en la vida de una mujer. Ser linda, ser hermosa, ser admirada por su belleza. Tú puedes aspirar a eso, Ani.

ANI: (*Pensativa.*) "Puedo" aspirar a eso. . . pero. . . ¿quiero? ¿Es de tanta importancia? No sé.

SATANAS: Sí que lo sabes. Mírate nuevamente al espejo. (*Insistente.*) Ve, ve, ve ahora mismo.

ANI: No, no quiero. Déjame pensar.

(*Ani en un rincón piensa mientras Satanás y el Angel dialogan.*)

SATANAS: Dejemos que Ani piense. Ya verás cómo me da la razón.

ANGEL: Sí. Dejemos que piense. Conozco a mi Ani y sé que NO te dará la razón.

SATANAS: ¡A que sí!

ANGEL: ¡A que no!

SATANAS: Ya verás, ya verás (*Muy meloso.*) Aniiiii ¿ya pensasteeeeeee?

ANI: Creo que sí, Satanás. Ya pensé.

SATANAS: ¿Y? ¿Y?

ANI: ¿Sabes? Me había puesto demasiado orgullosa. Puede que no sea fea, pero si por eso voy a estar siempre pensando en mí misma, o me voy a ver tentada a decir cosas que hieran a mis amigas, o si voy a mirar el aspecto de una chica y acercarme a ella para aparecer yo más linda entonces, ¡algo empieza a andar mal! Creo, Satanás, que casi, casi dejé que me dominara el orgullo.

SATANAS: (*Desesperado.*) ¡Qué dices Ani! Si tienes mucho de qué estar orgullosa.

ANI: Cállate, Satanás. A mí no me gusta la gente orgullosa, entonces, no quiero ser tampoco.

SATANAS: (*Al público.*) El Angel se me volvió psicólogo. Ahora Ani se me pone filósofa. La cosa está difícil.

ANI: No, no quiero ser orgullosa. Al final de cuentas, sea linda o no tan linda, inteligente o no tan inteligente, con muchos o pocos dones, rica o pobre, todo, todo es bendición que me ha dado Dios.

SATANAS: (*Grita.*) Ani, Ani, estás pensando demasiado. ¡Basta! No sigas. Así nunca llegarás a ser Miss Universo.

ANI: Ya no quiero escucharte, Satanás.

SATANAS: No quieres escucharme porque sabes que tengo razón.

ANI: No, no la tienes. Y te diré cómo lo sé. Al pensar, recordé un proverbio de Salomón que dice: "Alábete el extraño, y no tu propia boca." ¡Yo me estaba alabando a mí misma! Y también me acordé de un consejo del apóstol Pablo que dice que uno "no tenga más alto concepto de sí que el que debe tener, sino que piense de sí con cordura". ¡Yo sí que estaba perdiendo la cordura! Y dice el apóstol Santiago que "Dios resiste a los soberbios, y da gracia a los humildes." ¡Mira en qué lío me estaba metiendo con mi soberbia!

SATANAS: (*Interrumpiendo.*) Basta Ani, basta. Esto es demasiado para mí. (*Al público.*) ¡Versículos de la Biblia! ¡Qué horror! ¡Qué espanto! Ani tiene un ataque de "versiculitis". Me voy antes que se acuerde de aquel otro que dice "Resistid al diablo, y huirá de vosotros." Grrr. Me voy echando rayos y chispas, relámpagos y truenos. ¡Ani otra vez me venció! (*El Angel aplaude y salta de alegría.*)

ANI Y LOS CELOS

Josie de Smith

Personajes: Ani, Satanás.

ANI: (*Tararea una canción, mostrando que está muy alegre. Exhala un suspiro de felicidad.*) ¡Ahhhh. . . qué feliz soy! ¡Qué dichosa me siento! Tengo ganas de saltar y de cantar. (*Vuelve a cantar.*) (*Aparece Satanás.*)

SATANAS: Eh, Ani. ¡Qué contenta estás hoy! No veo razón alguna para que estés tan contenta. Después de todo, hoy es un día como todos. ¿Qué bicho te ha picado?

ANI: ¿Sabes qué bicho me picó? Pues el bicho de mi cumpleaños. Sí, Satanás, ¡hoy es el día de mi cumpleaños! Por eso estoy muy feliz. Y lo que más contenta me tiene es este vestido lindísimo que me hizo mamá. ¿Ves?

SATANAS: ¿Sí? No veo que sea para tanto. Es lindo sí, no te lo voy a negar. Pero dime, ¿no te parece que el vestido que le hizo a tu hermana es diez veces más bonito? El color turquesa del vestido de ella te hubiera quedado mucho mejor a ti. . . sí. . . sí. . . mucho mejor que este de flores rosadas que hizo para ti.

ANI: ¿Te parece? Tienes un poco de razón, el color turquesa me queda hermoso. . . ¡No! Este me queda bien, y mamá me lo hizo con mucho cariño. ¿Sabes que anoche estuvo cosiendo hasta la medianoche para terminarlo? ¿Y que esta mañana se levantó tempranísimo para plancharlo? Sí, el vestido de mi hermana es lindo, pero el mío también lo es.

SATANAS: Bueno Ani, no te enojes conmigo pues yo no tengo nada que ver en el asunto. Lo único que quiero mostrarte es que tu mamá se ocupó más del vestido de tu hermana que del tuyo. Mira, yo que tú se lo mancharía un poco así no lo puede usar en tu fiesta. Je, je, ¿no es una magnífica idea?

ANI: No, Satanás. No tocaré el vestido de mi hermana. Puede que tengas razón en lo que dices, pero no por eso le causaré daño. Y ojalá luzcamos las dos lindas. Tú quieres arruinarme el día poniéndome celosa.

SATANAS: ¡Ani! ¡Qué ocurrencia! ¡Cómo puedes pensar que esa es mi intención! ¿Cómo puedes decirme semejante cosa en la cara? Yo sólo busco tu propio bien. Quiero que tú seas el centro de atención en la fiesta de tu cumpleaños. Y si vas a serlo tendrás que tomar alguna medida. Ya ves que tu hermana es más linda que tú. . . y con ese vestido turquesa. . . ¡más todavía!

ANI: Mira, aunque la fiesta es para festejar mi cumpleaños no buscaré ser el centro de atención. Espero que cada chico que venga se sienta el centro de atención y, ¡para que lo sepas! quiero que mi hermana también esté rodeada de atención. Así que no me molestes más.

SATANAS: Vamos Ani, no te enojes. No es para tanto. (*Al público.*) Je, je, aunque no he logrado despertarle los celos al menos ya le estoy empezando a amargar el día. ¿Vieron que Ani ya no canta y no está alegre como antes? Creo que por fin voy a tener éxito con ella. Observen bien, ya verán. . .

(*Dirigiéndose a Ani.*) ¿Así que tu cumpleaños, eh Ani? ¿Y qué te regalaron mamá y papá?

ANI: (*Contenta.*) Pues verás. Algo muy lindo, y qué suerte que me hiciste acordar. Ya estoy contenta otra vez.

SATANAS: (*Al público.*) ¡Rayos y truenos! Parece que me equivoqué con mi pregunta. Pero ya sabré sacarle ventaja a la contestación que me dé. (*A Ani.*) ¿Decías Ani?

ANI: Decía que me hicieron un magnífico regalo: una hermosa lapicera con pluma de oro en un lindísimo estuche.

SATANAS: ¿Ah, sí? ¿Recuerdas que a tu hermana le regalaron una pulsera de oro para su cumpleaños? ¿Viste? ¿Viste? ¡Yo te lo decía! Tus padres hacen diferencia entre ti y tu hermana. Es seguro que la quieren más a ella que a ti. Además, la pulsera de oro debe haber costado mucho más que la lapicera.

ANI: Puede ser. Pero si a ella le regalaron algo que costó más no habrá sido porque a mí no me quieren tanto como a ella. ¿O es que no sabes que hay inflación y que ahora hay menos pesitos que antes para gastar?

SATANAS: Excusas, excusas. Ani, yo que tú, pondría mala cara. Bien sabes que la pulsera de tu hermana te gusta muchísimo y que esperabas una igual. Vamos Ani, sé sincera. . .

ANI: (*Titubeando.*) Y. . . sí. . . me hubiera gustado recibir una pulsera. . . (*Reaccionado.*) ¡Qué pretendes Satanás! Estoy contenta de que mi hermana haya recibido una pulsera. Y para que lo sepas y no se te olvide, ella me la presta cuando se la pido. ¡Ah! Eso me da una idea. Voy ahora mismo a decirle que cuando quiera, puede escribir con mi hermosa lapicera.

SATANAS: (*Gritando.*) Ani, Ani, no hagas tal desatino. ¡Cómo vas a prestar tu preciosa lapicera! ¡Ni se te ocurra tal desastre! ¿Y si te la rompe? ¿Y si estropea la punta? Piensa Ani, piensa.

ANI: Sí, estoy pensando. . . y lo que pienso es que no me dominarás por medio de los celos. ¿Sabes? Cuando me quieres meter los celos me acuerdo de un versículo de la Biblia.

SATANAS: ¡Faltaría que me salieras con versículos de la Biblia! No quiero escuchar nada de eso.

ANI: Escucha, escucha de todos modos, Satanás. El versículo dice: "el amor no tiene envidia". Por eso no podrás convencerme. ¿Sabes? Yo los quiero mucho a mamá, a papá y a mi hermana. (*Empieza a cantar.*)

SATANAS: ¡Qué chica insoportable! Parece mentira pero ¡nunca puedo vencerla! Ella, con su Biblia, puede más que yo. Grrr. . . ¡Me voy echando chispas! Grrr. . . Grrr. . .

ANI Y LA DISCIPLINA

Betty de Alexander

Personajes: Ani, Angélica (una amiga), Ita (otra amiga), Rany (una rana), Laica (una perrita.)

ANGELICA: (*Tiene una flor, puede ser de papel, y está sacando los pétalos, uno por uno, cuando entra al escenario, diciendo*) Caramelo, . . . chicle, . . . caramelo, . . . chicle. . .

ITA: (*Entrando del otro lado del escenario.*) Hola, Angélica. ¿Qué estás haciendo?

ANGELICA: Estoy tratando de decidir si compro caramelos o chicles con la plata que mi papá siempre me da. Esta florecita está ayudándome. (*Continúa diciendo, caramelo, . . . chicle, . . .*)

RANY: (*Entrando.*) Yo digo "sí." Hola amigas. Sí, yo pienso, sí. Y, ¿cuando compres tus caramelos puedes regalarme uno? Me encantan los caramelos. La, la, la.

ANGELICA: Rany, no sabía que a las ranas les gustan los caramelos. Pero, sí, puedo regalarte uno.

ITA: ¿Tienes que decidir entre las dos cosas? ¿Podrías comprar unos pocos caramelos y un poquito de chicle?

ANGELICA: No puedo comprar las dos cosas.

ANI: (*Entrando.*) Hola a todas. . . Miren a quién tengo

conmigo. Me gustaría presentarles a una amiguita nueva, Laica, que acabo de conocer.

LAICA: Guau. . . guau, hola.

TODOS: Hola, Laica. Es un placer conocerte. ¡Qué linda perrita!

ANI: Vimos todos estos pétalos en el camino y el buen olfato de Laica nos guió aquí. ¿Se casó alguien?

RANY: No, Angélica está tratando de decidir si compra caramelos o chicles con su dinero y está usando la flor para que le ayude a decidir.

LAICA: ¡Ay-y-y-y! ¡Qué vida de perros tratando de decidir esto!

RANY: ¡Y de ranas, también! A mí me gustaría tener una canasta grande llena de caramelos.

ANI: Y, ¿qué harías con todo eso?

RANY: Comerlos todos, mm-mm.

ANI: Pero, los compartirías conmigo, ¿no es cierto?

RANY: Bueno, quizá. . . depende de la cantidad que tenga.

ANI: No creo que sea así. Tú tienes un corazón grande. Al fin, tú me regalarías alguno. Las amigas siempre comparten, aunque solamente tengan uno.

ANGELICA: De veras. Sí, si sólo tuviera uno yo te compartiría la mitad.

RANY: Pero, ¿por qué no puedes comprar las dos cosas: caramelos y chicles, Angélica?

ANGELICA: Porque papá me da cincuenta pesos cada semana. Tengo que dar mi diezmo que son cinco pesos. A mí me gusta dar una ofrenda también. Son otros cinco, entonces me quedo con cuarenta. Estoy guardando veinte porque quiero comprarme un himnario nuevo. Gasté quince para un regalo de cumpleaños que compré; entonces me sobraron cinco.

RANY: ¡Oh, qué suerte tienes! Ojalá yo tuviera una cantidad en dinero así. ¿Qué haces para ganarlo?

ANGELICA: Varias cosas. Por ejemplo, ordeno mi dormitorio, ayudo a mi mamá a poner la mesa, barro el patio, cuido a mi hermanito. Cosas como éstas y otras muchas más.

LAICA: Yo vigilo la casa toda la noche, pero no me pagan.

ITA: Pero tú tienes muchas bendiciones por las que puedes dar gracias. Tienes siempre tu comida servida; y un lugar cómodo en que dormir, y mucho cariño. No todas las cosas se pueden pagar con dinero, ¿sabes?

LAICA: Tienes razón. Estaba pensando en los caramelos todavía.

RANY: Yo también. Mm-mm. Si me dijeras qué quieres y me das la plata saltaría a la confitería a comprarlo.

ITA: ¿Estás segura de que volverías? ¡Ja, ja!

RANY: Sí, pues. Yo soy honrada y puedes confiar en mí.

ANI: Por supuesto que sí. Lo sabemos.

ANGELICA: Pues bien. Compra cinco caramelos uno para cada una. Aquí está la plata.

LAICA: Y, ¿ella va a compartir con nosotros?

ANI: Sí, somos todas buenas amigas. Siempre compartimos una con la otra.

LAICA: ¡Regio!. . . Pero, ¿por qué?

ANI: Porque somos cristianas y los cristianos se portan así porque Jesús nos enseña a amar.

ITA: Aunque, a veces no es fácil hacerlo. Es una cosa cacarear pero es otra cosa poner un huevo.

RANY: (*Saliendo.*) Volveré pronto con el encargo.

ANGELICA: Bien, Rany. ¡Apúrate!

LAICA: (*Mirando a Ita.*) Y, ¿qué significa eso?

ITA: Significa que Angélica tenía cinco pesos de más. Pudiera haber comprado tanto caramelos como chicles, para ella misma. Pero mandó a comprar cinco caramelos porque quiere compartir con nosotras. Siempre es fácil hablar de querer hacerlo, pero es difícil cumplir.

ANI: Y también es difícil ponerse, en primer lugar, a planear el gasto de su dinero así.

ANGELICA: Muy difícil; tres veces empecé a guardar plata para comprar mi himnario, pero lo gasté en otras cosas. Pero, al fin, oré y el Señor me escuchó y me ayudó a vencer la tentación de gastar lo que tenía para el himnario y sólo me falta la próxima semana para poder comprarlo. ¡Qué feliz estoy! ¡Qué gusto me da!

ANI: Tienes una buena razón para estar contenta. Entonces, debemos celebrar, ¿no es cierto, amigas?

ITA: ¿Qué le habrá pasado a Rany que todavía no llega con los caramelos?

LAICA: Quizás se los está comiendo. . .

ITA: No lo creo. Pero está demorando mucho.

ANGELICA: No se preocupen. Volverá.

ANI: Laica, ¿te gustaría acompañarnos a cantar esta tarde? Las niñas de la iglesia vamos a cantarle a la señora Vargas, quien ha estado enferma muchos años.

ITA: Sí, debes ir. La señora Vargas es muy amable. Aunque no puede caminar, siempre está feliz.

LAICA: Quizá pueda. Me gusta cantar.

RANY: (*Entrando con un tremendo salto.*) ¡Amigas! ¡Nunca adivinarán lo que me ha pasado!

TODAS: ¡No! ¿Qué te pasó?

RANY: (*Muy excitada.*) Fui a comprar y vi un niñito pobre. Su mamá está enferma y él vino a comprarle medicina. No tenía plata suficiente para tomar el ómnibus para volver a casa rápidamente. Le faltaban cinco pesos. No pude hacer otra cosa que darle los cinco pesos de Angélica. El pobrecito estaba llorando y no sabía qué hacer. Pero di vueltas saltando, me tropecé y allí me encontré cinco pesos botados en el camino. ¿Qué les parece? Entonces, volví y compré los caramelos. Por eso demoré tanto. (*Los da a Angélica.*)

ANGELICA: Gracias, Rany. Tú hiciste muy bien.

RANY: No sabía cómo iba a decírtelo; pero tenía que ayudar a este niño.

ANGELICA: Está bien, Rany. Tú hiciste lo mejor posible; y eso es, exactamente, lo que yo hubiera hecho. Ahora, tenemos doble razón para celebrar. ¡Cierren los ojos todas! Ahora, escojan uno. No importa el color.

TODOS: ¡Mm-mm! (*Terminar con todas comiendo sus caramelos.*)

ANI Y LOS DIFERENTES

Betty de Alexander

Personajes: Ani, Angélica (una amiga), Ita (otra amiga), Rany (una rana).

ANI: (*Entra al escenario, repitiendo y escribiendo*) "Dios es amor", 1 Juan 4:8; "Amarás a tu prójimo como a ti mismo", Mateo 22:37, ¿o es 39? Sí, 39; "Porque de tal manera amó Dios al mundo, que ha dado a su Hijo unigénito, para que todo aquel que en él cree, no se pierda, mas tenga vida eterna", Juan 3:16.

ITA: (*Entrando.*) Hola, Ani. ¿Qué estás haciendo?

ANI: Hola, Ita. Estoy memorizando versículos bíblicos que hablan del amor. Tenemos que aprender 10.

ITA: ¿Y para cuándo tienes que tenerlos aprendidos?

ANI: ¡Para mañana!

ITA: Y ¿por qué dejaste tu tarea para el último momento?

ANI: No será tan difícil. Puedo aprenderlos fácilmente. Ya tengo 8 aprendidos.

ITA: Tienes razón. Toda la Biblia nos habla del amor de Dios. Así podrás escoger versículos de cualquier libro de la Biblia.

RANY: (*Entra cantando.*)
"El amigo ama en todo tiempo no importa lo que pase.
En sombra o en luz ama como mi Jesús
Quién es mi amigo mejor."

ANI: Hola, Rany. Gracias por la ayuda. Tú estás cantando un versículo que se me había olvidado. Voy a ponerlo en mi lista. (*Lo escribe.*)

RANY: (*Poniéndole melodía.*) Hola, hola, hola. De nada, pues. Cuando se te ofrezca.

ITA: Hola, Rany. ¡Cómo me gusta tu canción!

RANY: Gracias. Acabo de tener una buena idea. ¿Quieren jugar conmigo? ¿Quieren jugar a "Si yo fuera"?

ANI: A-a-a, sí. No lo sé, pero me gustaría aprenderlo.

ITA: Yo también.

RANY: Muy bien. El juego es así: Yo digo "Si yo fuera ________", pero no les digo la cosa que quiero ser. Después ustedes tienen que adivinar. Y voy a darles una pista hasta que adivinen correctamente. El que gana sigue con el juego de la misma manera. ¿Entienden?

ANI e ITA: Sí

RANY: Ani, ¿quieres empezar para ver si entendiste?

ANI: Muy bien. A ver. . . A mí me gustaría ser una ________. . . porque podría flotar en el aire día y noche y ver qué está haciendo toda la gente. Podría ver los niños de la China, cómo se visten y qué comen. Después en Africa podría ver cómo juegan, si ellos juegan como nosotros. Me gustaría decirles que Dios es amor y les ama mucho.

ANGELICA: ¡Hola a todos! ¡Yo sé la respuesta! ¡Es un pájaro!

TODOS: Hola, Angélica.

ANI: No, no es un pájaro.

ITA: Yo sé, una nube.

ANI: Sí, eso es.

RANY: Ah, si tú fueras una nube crecerías tan rápidamente que caerías como lluvia.

ANGELICA: O nieve. Quizá los niños de Europa esquiarían sobre ti.

RANY: Y ¿si cayera como lluvia?

ITA: Yo la recogería en un balde y la mezclaría con limón y me la serviría como limonada. O quizá se la daría a los que tienen sed.

ANI: Bueno, ese no era mi plan exactamente; yo quiero ver el mundo. Yo flotaría sobre Africa y Asia para ver a los niños de allá y saber cómo juegan.

RANY: ¿Te detendrías para jugar con ellos? ¿No te acuerdas que el color de su piel es distinto al de la tuya?

ANI: Bueno, juego con Constancia. Ella es africana.

RANY: Sí, pero ella es como nosotros.

ANI: Bueno, no tanto. Sus abuelos vinieron de Nigeria, que está en Africa.

RANY: Sí, pero ha vivido aquí toda su vida. Ella habla como nosotros y come como nosotros. Entonces es igual a nosotros.

ANI: Entonces los demás niños de Africa deben ser como ella, e iguales a nosotros también.

ITA: Y Marcella Wu recientemente llegó de Hong Kong. En su

portavianda siempre tiene una sopa rica de pescado y arroz.

ANI: Sí. Y el otro día ella me convidó con una galletita de sorpresa y estaba rica. Tenía un papel adentro que decía: "No dejes para mañana lo que debes hacer hoy."

ANGELICA: Yo recuerdo a Otto, un niño de Alemania que vivía aquí el año pasado. Estaba en el colegio conmigo. Recuerdo cómo tenía problemas con nuestro idioma al principio. Hablaba tan raro, pero yo le ayudaba, y mi hermano fue su amigo también y le ayudaba. Todavía recibimos cartas de él. ¡Y qué lindas estampillas traen sus cartas! Algún día espero poder ir a verlo hasta Alemania.

ANI: Qué lindo sería ir a verlo en mi nube. ¡Vamos! Vamos todos, ¿ya? Bueno, quizá no podamos ir pero sí podemos escribir cartas como ustedes están haciendo. Y así vamos a conocerlos mejor.

ITA: Yo sé lo que podríamos hacer. ¿Y si tenemos una reunión social e invitamos a todos nuestros amigos diferentes para conocerlos mejor?

ANI: Sí, ¡buena idea! Pongamos en práctica los versículos bíblicos que estoy aprendiendo como "Amarás a tu prójimo como a ti mismo."

ANGELICA: Sí. Podemos ayudarles a saber cómo somos. Quizá somos nosotros las que tenemos las ideas extrañas. ¿No es cierto?

ITA: Quizá sí. Ahora, vamos a invitar a Constancia, y a Marcella y. . .

RANY: Y debemos invitar a Jorge que está todo el tiempo en su silla de ruedas.

TODOS: (*Salen cantando "El Amigo Ama".*)

¿VALGO PARA ALGO?

Ida Farfal

Personajes: Ani, Laica (una perra), Rany (una rana), Ita (una amiga).

(Rany está frente a un espejo arreglándose, poniéndose joyas; mientras lo hace canta alegremente.)

LAICA: *(Entrando.)* Hola Rany. ¿Qué estás haciendo?

RANY: Estoy arreglándome porque tengo que actuar esta noche en un *show* especial, y quiero que salga sin ninguna falta, para así impresionar a todos. *(Se pone un collar.)* ¡Ajá! ¿Qué te parece? ¿Cómo me veo así?

LAICA: Oye, . . . pero ¡qué bonita te ves!, pareces una de esas ranas que trabajan en la televisión.

RANY: Así es, quiero verme de lo mejor. ¡Ay!, ya tengo que irme, es hora de que me vaya. ¡Adiós Laica! ¡Nos vemos luego! La, la, la, la. *(Sale cantando.)*

(Queda Laica sola muy triste y pensativa.)

(Entra Ita.)

ITA: ¡Hola, Laica! ¿Por qué estás tan pensativa?

LAICA: Estaba pensando en Rany.

ITA: ¿Qué te pasa con Rany? ¿Se peleó contigo?

LAICA: No, no es eso, es que. . . ¡Ay!, yo no sé si decírtelo o no.

ITA: Anda, ya, dímelo.

LAICA: Bueno, lo que estaba pensando acerca de Rany es que ella tiene algo muy especial, admiro su personalidad. A ella no le da vergüenza, como a mí. Puede saltar, cantar, entretener a la gente graciosamente.

ITA: ¡Ay!, yo no estoy de acuerdo contigo, yo creo que tú eres muy graciosa también. Aquí viene Ani, vamos con ella.

ANI: ¡Hola, chicas! ¿Qué tal? ¿Qué me cuentan de bueno? ¿Saben?, vi a Rany. Iba muy elegante. ¿Saben ustedes a dónde iba?

ITA: ¿Sabes qué?, precisamente estábamos hablando de ella. Laica me dice que ella admira mucho a Rany, especialmente su personalidad, porque todo lo que hace le sale bien y todos la admiran mucho.

ANI: Yo creo que tú, Laica, puedes hacer cosas especiales también.

LAICA: No, no Ani, yo no sirvo para nada, ni a los perros puedo conquistar con mis ladridos.

ANI: No pienses así Laica, yo sé que todos podemos hacer algo que vale. Quizá tú puedes hacer otras cosas, que los demás no pueden, que sólo tú puedes hacer.

ITA: Sí, eso es verdad, yo, por ejemplo no puedo ladrar tan bien como lo haces tú.

ANI: ¿Saben una cosa? Todo lo que Dios ha creado sirve para algo. Y si Dios nos ha creado a nosotros, debemos servir para algo. La Biblia nos dice en Exodo 4:10-12 que cuando Dios libró al pueblo de Israel de la esclavitud en Egipto, él escogió a Moisés para que fuera a hablar con el Faraón para pedir la libertad de su pueblo. Moisés le dijo al Señor: "¡Ay, Señor! yo no tengo facilidad de palabras, tú sabes que siempre que hablo se me traba la lengua, manda a otra persona." Pero Dios respondió diciendo que él había hecho su boca y podía ayudarle. Muchos de nosotros pensamos a veces como Moisés, que no servimos para algo que vale.

ITA: Sí, yo recuerdo esos versículos. Hace poco estudiamos esa historia en la escuela dominical, pero se me había olvidado.

ANI: Así es, Dios nos manda que le sirvamos. No importa que no hagamos cosas grandes. El sabe lo que somos capaces de hacer. Y además él nos ofrece su ayuda, como lo hizo con Moisés.

LAICA: Creo que ustedes tienen razón.

ITA: Sí, Laica, tú puedes hacer muchas cosas que a lo mejor ni tú misma has pensado que puedes hacer.

ANI: Bueno, chicas. . . ¿Saben qué? Se me había olvidado por qué venía. Quiero invitarlas para que me ayuden a preparar el programa especial para la reunión de las niñas. Necesito mucha ayuda. Ita, ¿podrías ayudarme para dirigir la música?

ITA: Oye Laica, ¿sabes que tú servirías para dirigir la música? Yo pienso que tu voz es preciosa. ¿Nunca te has escuchado a ti misma?

LAICA: No, nunca me he escuchado porque siempre cantamos en coro con los demás perros. Quizás podría hacerlo.

(Empieza a cantar algo, y de vez en cuando ladra —gua, gua.)

¡QUE BUENO ES DIOS!

Betty de Alexander

Personajes: Ani, Ita (una amiga), Angélica (otra amiga), Rany (una rana), Laica (una perra), Ovejita (*se puede confeccionar con un calcetín, de acuerdo con el dibujo*).

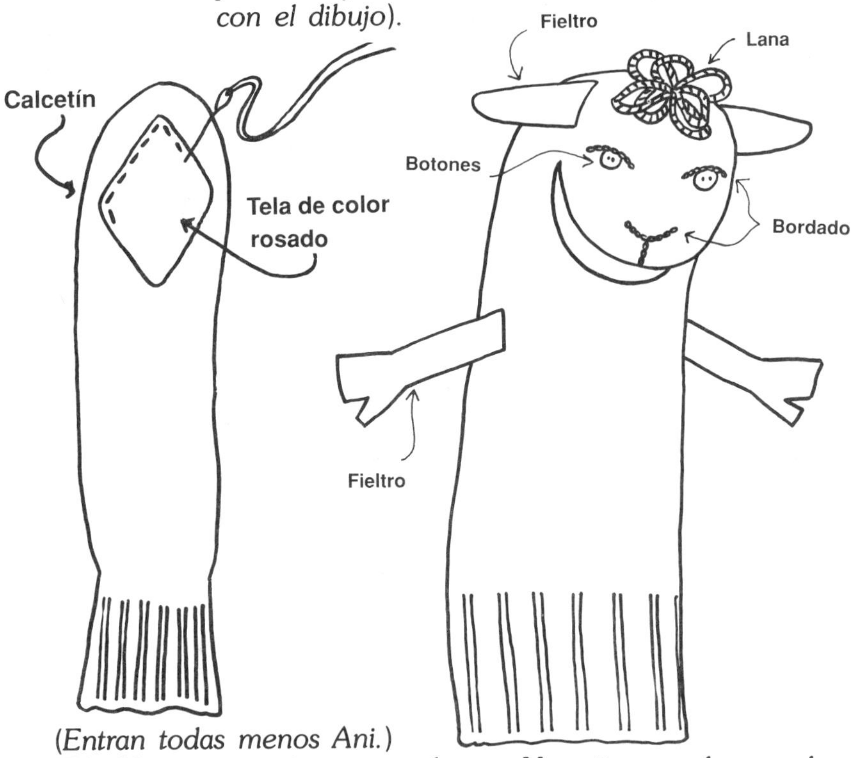

(*Entran todas menos Ani.*)

ITA: Yo no sé qué vamos a hacer. Necesitamos planear el programa para nuestra reunión de niñas. ¿Tienen ustedes ideas de lo que podemos hacer?

ANGELICA: Yo no sé, pero algo tenemos que preparar.

ITA: Yo tampoco sé. Quizá Ani tenga una idea cuando llegue.

RANY: Sí, pues. Siempre tiene buenas ideas.

LAICA: Espero que venga pronto.

ITA: Este es el programa más importante del trimestre.

RANY: Quizá del año, aunque todos son importantes.

ANGELICA: Rany y Laica podrían cantar un dúo.

LAICA: Y ¿ustedes?

ANGELICA: ¡Podemos sentarnos y escuchar!
RANY: Ah-h-h, yo creo que todas debemos participar.
(*Llega Ani con sus brazos llenos de adornos para el árbol de Navidad.*)
ANI: ¡Hola! ¿Qué pasa? Todas parecen tristes. ¿Pasó algo grave?
ITA: Es que no sé qué planear para el programa de Navidad.
ANI: ¡Ai-yai-yai! Sí, nos presenta un problema.
ANGELICA: Todas podemos ayudar y tendremos un programa lindo.
ITA: Dios nos va a ayudar, yo sé.
LAICA: Sí, y después quizá podemos presentarlo en ________ (*el Hogar de Niños, el hospital, la misión, en el parque, el Hogar de Ancianos, etc. Escriba en el espacio en blanco el lugar donde ustedes piensan presentar el programa*).
ANI: Muy buenas ideas todas. Tenemos que pensarlo bien. De veras es muy importante.
LAICA: ¿Qué tienes, Ani?
ANI: Oh, son los adornos para el árbol de Navidad para la sala.
RANY: ¡Qué lindos son!
TODAS: ¡Sí!
ANGELICA: ¡Sí! (Mirando el rollo.) ¿Qué es eso?
ITA: A ver. . . oh, es el rollo que representa el Antiguo Testamento.
ANI: Y, ¿qué dice?
ITA: (*Lo abre y empieza a leer.*) Salmo 145:8, 9. V.P.: *El Señor es tierno y compasivo, es paciente y todo amor. El Señor es bueno para con todos, y con ternura cuida sus obras.*
RANY: Este pasaje me da una idea para una canción de alabanza.
LAICA: Yo puedo ayudarte, Rany.
RANY: Muy bien.
ANGELICA: Y yo tengo una idea para un acróstico.
ITA: Yo voy a hacer una poesía.
ANI: Y yo sé un buen título para el programa. ¡Vámonos! Vamos a mi casa a planear el programa.
(*Salen conversando.*)
(*Aparece un letrero que dice: UN MES DESPUES.*)
(*Después de como 15 segundos aparece en el escenario otro letrero que dice: ¡QUE BUENO ES DIOS! Entra Ani.*)

ANI: ¡Qué bueno es Dios! (*Lee Salmo 145:1-12. Sería bueno si pudiera aprenderlo de memoria. Pueden usarse solamente los versículos 8 y 9 si las niñas son muy jóvenes.*)

(*Sale Ani y entra Ita.*)

ITA: ¡Qué bueno es Dios! Por eso queremos alabarle. Estamos felices cuando pensamos en Dios y lo que ha hecho por nosotros. La Biblia dice en Salmo 144:15b. V.P.: *"¡Feliz el pueblo cuyo Dios es el Señor!"*

(Sale Ita y entran Rany y Angélica. Esta trae un cartel que dice: FELICES. A medida que las demás dicen su parte del acróstico, señalarán la letra correspondiente en el cartel.)

RANY: Feliz porque Dios es fiel; cumple sus promesas. Feliz porque Dios nos *escucha* cuando oramos.

ANGELICA: Feliz porque Dios *levanta* a los que caen. Feliz porque Dios se *interesa* por todos sus hijos.

(*Entra Ita.*)

ITA: Feliz porque Dios nos *cuida* con su precioso amor. Feliz porque Dios es *eterno*; principio y fin.

(*Entra Laica.*)

LAICA: Feliz porque Dios es *Señor* y *Salvador.*

(*Entra Ani.*)

ANI: ¡Feliz es el pueblo cuyo Dios es el Señor!

(*Todas cantan la alabanza de Rany "¡Qué Bueno es Cantar!" y después todas salen menos Ita.*)

(*Entra la ovejita.*)

ITA: Ovejita blanca, allá en el cerro, ovejita blanca dime, ¿qué viste tú? Tan oscura y silenciosa fue la noche dime ovejita, ¿qué viste tú?

OVEJITA: Yo vi la luz de una estrella, más luminosa que el sol, como un diamante resplandeciente en la noche, brillando sobre mí.

ITA: Ovejita blanca, allá en el cerro, ovejita blanca dime, ¿Qué oíste tú? En la noche santa, preciosa; dime ovejita, ¿qué oíste tú?

OVEJITA: Yo oí la bella canción de los ángeles: *Gloria a Dios en las alturas, y en la tierra paz, buena voluntad a todos los hombres. . .* Cristo nació. . . el prometido Mesías, el Hijo de Dios nació.

ITA: Ovejita blanca, allá en el cerro, ovejita blanca dime, ¿dónde fuiste tú? ¿Fuiste detrás de los pastores, corriendo a ver al niñito?

OVEJITA: Sí, yo fui saltando a ver también a este niño precioso que nació en Belén: ¡Jesús el Hijo de Dios! (*Salen.*)

(*Vuelven todas y cantan "Es Todo para Mí" [No. 461, Himnario Bautista]. Al final todas dicen: ¡Qué bueno es nuestro Dios!, y salen.*)

¡QUE BUENO ES CANTAR!

Basado en el Salmo147

Letra y Música:
BETTY DE ALEXANDER

ANI MISIONERA

Betty de Alexander

Personajes: Ani, Angélica (una amiga), Ita (otra amiga), Laica (una perra), Rany (una rana).

(*Ani y Angélica entran hablando.*)

ANI: ¿Sabes qué, Angélica? Yo sé lo que voy a hacer cuando sea grande.

ANGELICA: Oh, ¿qué? ¿Qué vas a hacer?

ANI: Yo voy a ser misionera. Mira, aquí en esta revista sale la historia de una misionera que trabaja como médica en Yemen. ¡Qué lindo sería ir lejos y decirles a las gentes que Dios las ama!

(*Entra Rany, saltando, con los palitos de cinco chupetines (caramelos) en la boca y está tratando de hablar pero no puede.*) (*Los chupetines pueden ser de verdad o de papel y cada uno debe tener un papelito pegado en el cual está escrito uno de los siguientes trabajitos*):

1. Invitar a 3 amigas al culto del próximo domingo.
2. Repartir Biblias y tratados.
3. Visitar a una persona enferma o anciana.
4. Ayudar en la limpieza del templo.
5. Cantar o tocar un instrumento en el templo.
6. Practicar dando su testimonio con versículos bíblicos y dárselo a una amiga.

(*Se pueden añadir más según el número del grupo.*)

RANY: ¡Momento!

(*Sale para poner sus chupetines en una cajita. Vuelve.*)

¡Ahora, quizá pueda hablar! ¡Hola-la-la!

ANI: ¡Hola Rany! ¿Qué te pasa? Y, ¿qué vas a hacer con todos estos chupetines? Mm-mm-mm

(*Entra Ita.*)

ITA: ¡Hola! ¡Hola a todas!

RANY: Los traje para Ita. No sé para qué son.

ITA: Es una sorpresa que estoy preparando para la reunión de niñas esta tarde. La señora Reynoso me ayudó a prepararla.

RANY: Si es un premio yo los voy a ganar todos. Oh, cómo me gustan los chupetines. ¡Pudiera comer una caja entera!

ITA: Oh, Rany. No son los chupetines los que son tan importantes; son los papelitos que están pegados a ellos.

ANI: Y ¿qué son los papeles?

ITA: Oh, es una sorpresa. No les puedo decir ahora. Después, en la tarde, van a ver.

(*Entra Laica, la perrita, llevando un letrero que dice "Esfuercense, no sean perezosos, y sirvan al Señor con corazón ardiente". Romanos 12:11, V.P.*)

(*Todas la miran y después la siguen.*)

LAICA: Síganme y las llevaré.

(*Todas la siguen y después muestran un letrero que dice la hora "5:30 P.M."*) (*Entran todas al escenario. Laica tiene dos chupetines en el hocico.*)

RANY: ¡Qué linda reunión!

ITA: Sí, con sorpresas, dulces, cantos, juegos y una historia muy interesante.

ANI: Fue el programa más bonito que hemos tenido.

ANGELICA: A mí me gustó el nuevo corito que aprendimos.

LAICA: (*Murmura entre dientes con los dos chupetines en su hocico.*)

ANGELICA: Aprendí mucho en el programa de hoy.

ANI: Yo también. Antes creía que para ser misionera tenía que ser grande e ir muy lejos.

ITA: Pero no es así, ¿verdad? La señora Reynoso dice que tenemos que empezar aquí donde estamos. Bueno, ¡estoy lista!

ANI: ¡Yo también, Ita!

¡DIOS AMA TAMBIEN A LOS ANIMALES!

Betty de Alexander

Personajes: Ani, Angélica (una amiga), Ita (otra amiga), Rany (una rana), Laica (una perra).

(*Entran todas. Laica está bien peinada y tiene pegada una cinta azul que dice: "Primer Premio". Lleva un hueso en la boca. El hueso puede ser de papel o "plumarit" [telgopar].*)

ANI: (*Mirando a Laica.*) ¡Tú ganaste, Laica! Eras la perrita más bonita de todas en el *show* de perros.

TODOS: ¡Sí!

ANGELICA: Es verdad, Laica, pero yo nunca hubiera pensado que te ganarías el primer premio, porque había muchos perros muy lindos.

LAICA: (*Se quita el hueso de la boca para hablar.*) Bueno, a mí me sorprendió cuando el juez me nombró.

RANY: Pero yo sabía que podías hacerlo.

ANGELICA: Yo también.

ITA: Estamos muy orgullosos de ti, Laica. Tu presentación fue la mejor de todas. No sé cómo puedes caminar tan largo rato en tus patas delanteras.

LAICA: Gracias, Ita. Tuve que ensayar mucho tiempo para poder hacerlo.

RANY: Laica, ¿crees que podrías enseñarme a hacerlo?

LAICA: (*Mirando a Rany.*) Tus patas delanteras son un poco cortas Rany, pero con práctica quizá. . .

ANI: Te sería casi imposible Rany. Tus patas son demasiado cortas. Mejor que tú cantes para ganarte un premio.

RANY: Tienes razón, Ani. (*Empieza a cantar.*) La, la, la, la.

LAICA: ¿Saben?, es una lástima que no todos puedan ganar el primer premio.

ANI: Bueno, pero así es, Laica. En un *show* así hay sólo un primer premio y un ganador.

ANGELICA: Y, ¿por qué quieres que haya más que un ganador? Si hubiera habido dos o tres o cuatro, tú habrías tenido que compartir el premio. ¡Imagínate! ¿Te gustaría compartir ese lindo hueso con cuatro ganadores más?

LAICA: No sé; pero a mis amigas también les habría gustado tener el premio. Pero, ¡miren qué más tengo! (*Saca a la vista de todas los seis "boletos de entrada".*) ¡Esto es lo mejor! ¡¡Sorpresa!!

ANI: Y, ¿qué es eso, Laica? Yo no sabía que tenías otros premios.

LAICA: Son seis entradas gratuitas para el circo que viene el próximo viernes. Podemos ir todas. ¡¡Os invito!!

(*Todas se ponen a gritar de alegría.*)

TODAS: ¡¡Sí, sí, sí!! ¡¡Vamos al circo, vamos al circo!!

ITA: ¡Oh, cómo me gusta el circo con todos los animales! ¡¡Gracias, gracias, gracias, Laica!!

ANGELICA: Nunca fui a un circo. ¡Qué bueno!

RANY: ¿Creen que me dejarán entrar?

ANI: Sí, pues, Rany. ¿Por qué no? Todos los animales estarán.

RANY: ¿Estás segura?

ANI: Sí. Por supuesto.

ANGELICA: ¿Habrá animales de todo tipo? ¡Me gustan los elefantes, los canguros, los caballos, los. . .!

ITA: Habrá de todos tipos.

RANY: ¿Habrá ranas también?

ITA: (*Pensando.*) Eh. . . eh. . . No sé, Rany. Ahora que me acuerdo nunca he visto ranas en un circo.

LAICA: Pero debe haber, porque las ranas cantan muy bien. Por lo menos Rany canta bien.

ANI: Los animales tienen el papel más importante en el circo. Y habrá grandes y chicos. . .
RANY: Por eso tengo miedo.
ANI: ¿Por qué?
RANY: Yo soy tan chiquitita que ni me verán. ¿Qué pasa si un elefante no me ve y me aplasta?
LAICA: No te preocupes, Rany, nosotras vamos a ayudarte.
ITA. También Dios va a cuidarte. Lo sé.
ANGELICA: ¿Cómo sabes que Dios va a cuidarla, Ita?
ITA: Porque la Biblia lo dice en un Salmo. Dice "Tú, Señor cuidas de hombres y animales. ¡Qué maravilloso es tu amor, Oh Dios!" (Salmo 36:6, 7. V.P.) ¿No te acuerdas que este fue el texto de memoria en la escuela dominical el domingo pasado?
ANGELICA: Y si Dios hizo también a los animales, ¿cómo no va a cuidarlos?
ANI: Claro que sí. La señora Reynoso, nuestra consejera, dijo que Dios ama a toda su creación.
LAICA: Los animales son importantes para Dios, y también para los hombres.
RANY: ¿Lo crees tú?
ITA: ¡Sí! Y los ha usado muchas veces incluso como sus mensajeros y ayudantes.
LAICA: ¡Cierto! Por ejemplo, Dios hizo que una asna hablara a Balaam.
ITA: Y Dios hizo que los leones fueran amigos de Daniel cuando sus enemigos habían creído que los leones se lo iban a comer.
RANY: ¡De veras! Y me acuerdo que las ranas también ayudaron a librar a los israelitas en Egipto.
LAICA: ¿Lo ves? Los animales somos importantes para Dios y él nos ama.
ANI: Es verdad. Cuando vino el diluvio en días de Noé, Dios se preocupó por cuidar y salvar a los animales.
LAICA: ¿Saben qué? Creo que debemos ir a ver a la señora Reynoso y mostrarle mi premio. También podemos ver si a ella le gustaría ir con nosotras al circo. Tenemos seis entradas. ¡Vamos!
RANY: Y después podemos ensayar una representación. Quizá nos dejen actuar en el circo. ¡Ya vamos!
TODAS: ¡Sí, buena idea! ¡Vamos! (*Todas salen.*)

ME GUSTAN LAS HISTORIAS BIBLICAS

Betty de Alexander

Personajes: Ani, Ita (una amiga), Angélica (otra amiga), Rany (una rana), Laica (una perra).

(*Entran todas, conversando. Rany tiene un libro de historias bíblicas que ganó como premio.*)

ANI: ¡Qué bonito es tu libro de historias bíblicas, Rany!
ITA: Sí, Rany. La hermana Reynoso escogió bien el premio.
LAICA: A mí me gustan las ilustraciones.
RANY: Sí, tiene muchas ilustraciones de todas partes de la Biblia. Empieza con el Huerto del Edén. Allí vivían Adán y Eva y todos los animales.
ANI: Adán puso nombre a todos los animales.
LAICA: ¿A mí también?
ITA: Sí, a ti también, Laica.
ANGELICA: Pero, después tuvieron que salir del huerto, ¿no es cierto?
ANI: Sí, desobedecieron a Dios porque Satanás los engañó.
ANGELICA: ¡Qué triste! ¿verdad?
RANY: Después había muchos hombres en el mundo.
ITA: Y siempre hacían cosas malas.
ANI: Entonces Dios dijo (*cambiando su voz*): "Noé, he decidido terminar con toda la gente mala. Estoy triste por haberla creado."
ITA: (*Cambiando su voz también.*) "Voy a mandar una inundación grande que cubrirá todo el mundo. Haz un barco grande y mete en él a dos animales de cada especie.
LAICA: Noé obedeció, y toda su familia, juntamente con los animales, quedaron a salvo en el arca; pero los demás murieron.
RANY: Piensen en todos los animales que estaban juntos en el arca. ¡Qué coro tan grande ha de haber sido! la la la. . .

LAICA: ¡Guau, guau, guau!
ITA: ¡Oh, por favor, ustedes!
RANY: ¡Habría sido interesante haber estado con ellos en el arca!
ANGELICA: Por favor cuéntame la historia bíblica acerca de Moisés y el botecito.
ANI: Esta historia también es linda. Cuando nació Moisés, la mamá tuvo que esconderlo del rey que quería matarlo. Entonces hizo un botecito de junquillos.
RANY: Me hubiera gustado haber estado sentada en una hoja de lirio para ver todo lo que pasaba.
ANGELICA: A lo mejor te habrías caído al agua. . .
ITA: O peor todavía, ¡al botecito con Moisés!
RANY: Si hubiera caído en el botecito con Moisés, juntos hubiéramos ido a vivir con la princesa en el palacio. . .
ITA: Y ¡hubieras cantado todo el día para la princesa!
ANI: Más tarde fue un hombre muy valiente y Dios lo usó para guiar a los israelitas a la tierra prometida.
ANGELICA: ¿Es verdad que hay solamente dos libros de la Biblia con nombre de mujeres?
ANI: Sí, Rut y Ester. Rut trabajó en el campo de Booz cuando no había mucha comida. Después se casó con él.
ITA: Y Ester se casó con un rey, y así salvó a su pueblo.
LAICA: ¡Me hubiera encantado haber vivido en aquellos días!
ITA: ¿Quieres casarte con un rey?
LAICA: No, pues, ¡me hubiera gustado ayudar a David a cuidar a sus ovejas!
ANI: Esa historia del Antiguo Testamento es mi favorita.
ITA: Siempre cantaba y tocaba su arpa (lira). ¿Cómo fue el canto que cantaste, Rany, para ganar el premio?
RANY: Es así. (*Lo canta.*)
ANI: Es muy parecido a los salmos de David.
ANGELICA: Sí, es verdad. Y Goliat ¿fue amigo de David?
LAICA: No, fue un gigante, enemigo de los israelitas y David lo mató con sólo una honda y una piedra.
RANY: Y ¡la ayuda de Dios!
RANY: A mí me gusta la historia de Daniel cuando se negó a comer comida del rey.
LAICA: Sí, quiso tener buena salud, entonces pidió que le sirvieran solamente verduras y agua.
ANGELICA: Y, ¿cómo resultó?
LAICA: Mejor que todos los demás.

ITA: Y, ¿era el mismo Daniel que pusieron en el foso de los leones porque no hizo reverencia al rey?

ANI: Sí, era fiel a Dios. Entonces él lo cuidó y cerró las bocas de los leones.

ITA: Y hay otras historias también como las de Naamán, Eliseo, Jonás y Samuel. . .

ANGELICA: ¡Qué lindas las historias de esta parte de la Biblia!

ANI: Toda esta parte se llama el Antiguo Testamento porque pasó antes que Jesús viniera al mundo . . .

ANGELICA: Y, ¿la otra parte?

ANI: Es el Nuevo Testamento que nos cuenta del nacimiento y la vida de Jesús. . .

ITA: Y el crecimiento de la iglesia.

RANY: ¡Qué lindas son las historias acerca de Jesús!

ITA: Sí, mi favorita es la del nacimiento de Jesús cuando los magos vieron la estrella y la siguieron hasta encontrar al niñito Jesús.

LAICA: ¿Cuál es tu favorita, Rany?

RANY: Oh, a mí me gusta "El Hijo Pródigo". Se fue muy lejos de su padre y su familia, pero todavía lo amaban y al fin vio su error y volvió. ¡Qué felicidad para todos!

LAICA: A mí me gusta la de Zaqueo. Tuvo que subir a un árbol para ver a Jesús porque era muy pequeño. Después Jesús fue a su casa a comer con él. Hubo un cambio grande en su vida cuando Jesús le mostró su amor.

ANI: Siempre es así. Mi pasaje favorito de la Biblia es cuando Jesús resucitó de los muertos y apareció a las mujeres en el huerto. Esta historia me dice que Cristo me ama.

ANGELICA: ¡Qué lindo, Ani! Y a mí me gusta cuando Jesús mandó a sus discípulos a compartir con otros las buenas nuevas. Así es como yo aprendí que Dios me ama. Ustedes compartieron las buenas nuevas conmigo cuando me hablaron de la Biblia. Gracias, gracias a todas porque me aman y me contaron que Dios me ama.

LAICA: ¡Qué lindo es compartir con otros la historia de Jesús! Y gracias, Rany, por compartir tu nuevo libro.

ANI: Vamos a la casa de Rosita Reyes, la nueva vecina para hablar con ella y mostrarle este nuevo libro de historias bíblicas.

TODAS: ¡Sí, vamos!

(*Salen conversando.*)

ANI Y LA VERGÜENZA

Betty de Alexander

Personajes: Ani, Angélica (una amiga), Ita (otra amiga), Rany (una rana).

(*Ani, entrando al escenario.*)

ANI: ¡Ayyy! No sé si puedo,
Es muy difícil
Me da vergüenza
¡No sé! ¡No sé si puedo!

ITA: (*Sentada al lado escuchando.*) ¿Qué problema tienes, Ani? Quizá pueda ayudarte.

ANI: Ah, hola Ita. No me di cuenta de que estabas aquí. Tengo que dar mi testimonio y para mí es la primera vez. No sé si puedo hacerlo.

ITA: Sí, es difícil. Pero yo sé que tú puedes.

ANI: Es fácil decir eso cuando tú no tienes que hacerlo.

ITA: Pero es que tengo fe en que tú puedes hacerlo.

ANI: ¡Oh, Ita, si pudiera tener la confianza que tú tienes! (*Entra Rany.*)

RANY: ¡Hola, ¡hola!

ITA y ANI: ¡Hola Rany!

RANY: ¿Qué pasa aquí?, parece que hay un velorio.

ANI: Es que tengo que dar mi testimonio y me da vergüenza hablar delante de todas mis amigas.

RANY: ¡Ay, no! ¡Pobre Ani! eso es muy difícil. Mejor dile a la consejera que no puedes.

ITA: Pero Rany, Ani tiene mucho que decirles a las niñas acerca de lo que Dios ha hecho en su vida.

RANY: Ya lo sé, pero es que ella es muy tímida y además hay otras que hablan mejor.

ANI: Sí, yo hablo tan bajo que nadie me escucha.

ITA: Pero, ¿no recuerdan lo que pasó con Moisés cuando Dios quiso mandarlo a sacar a los israelitas de la esclavitud en Egipto?

ANI: Sí, Moisés no quiso ir porque pensaba que era torpe de lengua.

RANY: Sí, y Moisés tampoco tenía facilidad para hablar.

ITA: Y Dios dijo a Moisés que él era el creador de la boca y que lo ayudaría con las palabras que tenía que decirles a los israelitas para que lo siguieran.

ANI: Es cierto, y Dios me ayudará a mí también. Yo sé que él me ayudará.

RANY: Pero todas van a estar mirándote y van a criticarte si cometes errores.

ANGELICA: (*Entrando.*) ¡Hola, hola! Ani. Ani, necesito tus consejos.

ANI: Muy bien, ¿en qué puedo ayudarte?

ANGELICA: Sabes que cuando voy al templo y escucho al pastor siento algo dentro de mí, algo que no entiendo. Dice el pastor que Dios me ama. Yo sé que hago cosas que no debo hacer. Soy muy mala. ¿Cómo puede ser que Dios me ame?

ANI: (*Con entusiasmo.*) ¡Bueno, Angélica, la Biblia nos enseña que Dios es amor y que él mandó a su Hijo Jesucristo a morir en nuestro lugar para pagar el precio de nuestros pecados.

ITA: Si creemos en él tendremos vida eterna, y nos perdona nuestros pecados.

ANI: Tenemos que aceptarlo por fe como Salvador.

ANGELICA: Quiero aceptar al Señor pero no sé cómo, ni sé qué hacer.

ANI: Bueno, la Biblia nos enseña que somos pecadores. ¿Recuerdas Romanos 3:23?

ITA: *"Por cuanto todos pecaron, y están destituidos de la gloria de Dios."*

ANI: Sí, yo y tú y cada persona, somos pecadores. A veces mentimos, o hacemos cosas que no debemos hacer.

ITA: Sí, somos pecadores.

ANI: Pero la Biblia nos dice en Hechos 16:31. . .

ITA: *"Cree en el Señor Jesucristo, y serás salvo, tú y tu casa."*

ANGELICA: Sí, yo creo que Jesús vino a salvarme.

ANI: Nos dice Romanos 10:9 *"que si confesares con tu boca que Jesús es el Señor, y creyeres en tu corazón que Dios le levantó de los muertos, serás salvo".*

ITA: ¿Qué hiciste tú cuando aceptaste al Señor, Ani?

ANI: Yo recuerdo que era un día muy bonito. Pero en mi mente todo era oscuro. Me sentía muy mal, porque sabía que era pecadora. Pero cuando confesé mis pecados a Jesús él me perdonó y ¡qué bien comencé a sentirme!

ANGELICA: ¡Qué bonita experiencia, Ani! Voy a hablar ahora mismo con el pastor. ¡Quiero aceptar a Cristo como mi salvador! Muchas gracias por darme tu testimonio.

ITA: ¿No ves? Te dije que podías dar tu testimonio sin problema.

ANI: Ah, de veras, tienes razón. Sí, yo creo que puedo hacerlo ahora. Tenía miedo de estar delante de mis amigas, y de lo que ellas piensen; pero el Señor va a darme su poder.

RANY: Ahora yo también creo que tú puedes.

ITA: *"Pues, Dios no nos ha dado un espíritu de miedo, sino un espíritu de poder, de amor y de dominio propio."* Sabes Ani, Dios le dio a Moisés una vara, y a nosotros la Biblia. Usando correctamente nuestras Biblias podemos hacer mucho.

ANI: Sí, es verdad. Voy a decirle a mi consejera que estoy lista para dar mi testimonio.

ITA: Voy contigo.

RANY: Yo también.

ANI QUIERE SER PODEROSA

Betty de Alexander

Personajes: Ani, Angélica (una amiga), Ita (otra amiga), Rany (una rana).

(*Se asoman dos zapatos arriba del telón. El titiritero se pone calcetines sobre las manos, después, dos zapatos. Los sostiene como si fuera el cuerpo en posición invertida.*)

ITA: (*Entrando habla con Ani.*) ¿Qué estás haciendo, Ani? ¿Por qué estás así?

ANI: (*Se caen los zapatos detrás del telón y aparece Ani.*) Practicando. Alguien me dijo que si uno se pone cabeza abajo mejora su memoria.

ITA: (*Riéndose.*) ¡Qué divertido! Pero, quizá es verdad, no sé. ¿Por qué tienes que mejorar tu memoria?

ANI: Quiero mejorar mi memoria porque quiero ser muy inteligente para poder ganar el concurso.

RANY: (*Entra cantando, ejercitando la voz.*) la, la, la, la, la, la, la.

ANI: ¡Hola, Rany!
RANY: ¡Hola, hola!
ITA: ¡Hola, hola, Rany! ¿Qué es eso de la, la, la?
RANY: Estoy ejercitando mi voz.
ITA: Sí que lo necesitas.
ANI: Pero tú cantas muy lindo, Rany. ¿Necesitas hacer todas estas la, la?
RANY: Bueno, quizás no. Pero a mí me gusta practicar. ¿Qué están haciendo ustedes?
ITA: Ani acaba de decirme algo muy importante. Ahora, ¿qué estabas contándome Ani?
ANI: ¡Yo voy a ganar el Concurso Bíblico! Tengo que aprender muchísimos versículos bíblicos para ganar. Lo haré y voy. . .
RANY: (*Interrumpiendo.*) ¡Ohhhhh! ¡Mucho trabajo! ¡Muchísimo trabajo! Es muy difícil aprender tantos versículos. Yo sé porque tengo que memorizar mucho cuando canto.
ANI: Pero lo haré, y voy a ganar. ¡Y voy a ponerme mi vestido nuevo para que todos puedan verme muy bonita y pienso lucirme frente a todos cuando reciba el premio! Y cuando vuelva voy a ser presidenta de la Sociedad de Niñas. ¡Qué lindo ser presidenta! Puedo mandar a todas las chicas que hagan. . . Ummm (*soñando*) ¡Qué lindo será!
RANY: Y sabes, Ani, todas las niñas querrán ser tus amigas. Vas a ser muy popular.
ANI: Sí. ¡Qué lindo!, ¿no es cierto, Rany? Podemos hacer muchas cosas buenas. Yo voy a. . .
ITA: (*Interrumpiendo.*) Sí, será lindo, Ani. ¡Yo sé que tú puedes hacerlo! Necesitamos alguien que sepa trabajar y ayudar a las demás niñas.
RANY: NO te olvides que la presidenta tiene que ser fiel en asistir a todas las reuniones y dirigirlas bien.
ITA: Tiene que ser muy responsable. Tiene que estar presente, no importa que esté lloviendo o si no se siente bien o no ha tenido tiempo de prepararse para dirigir la sesión, o si la amiga tiene una fiesta de cumpleaños en la misma hora. Tiene que estar presente pase lo que pase.
ANGELICA: (*Entra.*) ¡Hola, amigas!
TODAS: ¡Hola, Angélica!
ANGELICA: Escuché ruido por acá y decidí entrar. ¿Qué están discutiendo?

RANY: Ani está aprendiendo versículos para el Concurso Bíblico, Angélica.
ANGELICA: ¡Oh, qué bien! Yo también quiero hacerlo.
ITA: Tienes que trabajar duramente para aprender todos los temas. Vi la lista y es muy larga.
ANI: Pero no tan difícil.
ANGELICA: No, yo sé que tú puedes hacerlo fácilmente.
RANY: Y después, Ani va a ser la presidenta de las niñas. Podrá escoger las personas que la ayuden. Quizá te va a escoger para un trabajo especial.
ANGELICA: Bueno, espero que yo pueda ayudarla.
ITA: La presidenta tiene muchas responsabilidades. Es un gran privilegio ser presidenta.
ANGELICA: Entonces, debemos ayudar a Ani para que gane.
ITA: Sí. La Biblia dice: (Proverbios 12:24a.) *"La mano de los diligentes señoreará."* ¿Tienes tu la lista de versículos, Ani?
ANI: Sí, acá está.
ITA: Si vamos a ayudarte debemos empezar. A ver, el primer versículo lo encontramos en 2 Timoteo 2:15.
RANY: ¿Puedo leerlo, por favor?
ITA: Sí, Rany.
RANY: *"Procura con diligencia presentarte a Dios aprobado, como obrero que no tiene de qué avergonzarse, que usa bien la palabra de verdad."*
ANGELICA: Sí, es lo que estamos haciendo ahora. Queremos ser buenas obreras.
ANI: Tenemos que saber cómo usar bien la Biblia en todos los momentos.
RANY: Yo sé que en el Nuevo Testamento hay 27 libros. Hay cuatro que nos relatan la vida de Jesús. Después hay uno de historia, trece cartas de Pablo y. . .
ANI: Rany, ¡no sabía que tú supieras todo esto de la Biblia!
RANY: Sí, pues.
ANI: ¿Me los puedes enseñar después? Quisiera aprender esos datos. Ahora, Ita, el segundo versículo se encuentra en 1 Corintios 9:19, V.P. ¿Quieres leerlo?
ITA: Sí. Dice: *"Aunque no soy esclavo de nadie, me he hecho esclavo de todos, para ganar más personas para Cristo."*
ANI: Dice "esclavo de todos". El otro dice: "obrero". Creo que significa que tenemos que servir con humildad.

RANY: "¿Siervos?"
ANI: Sí, siervos.
ANGELICA: Bueno, los buenos obreros a veces son siervos.
ITA: El próximo versículo es 1 Corintios 10:31, V.P.
ANGELICA: Dice: *"Bueno, pues si comen, o beben, o hacen cualquier otra cosa, háganlo todo para la gloria de Dios."*
ANI: ¡Oh-h-h-h-h!
ANGELICA: *"Todo para la gloria de Dios."*
ANI: Sí, Debo aprender los versículos para la gloria de Dios, y ser presidenta para su gloria también.
RANY: Oh, escuchen bien este versículo en Filipenses 1:9, V.P.: *"Pido en oración que lleguen a tener todavía más amor, con mucha sabiduría y entendimiento en todo."*
ANI: *"A tener todavía más amor."* Yo recuerdo un versículo que dice: *"amarás a tu prójimo como a ti mismo"* (Levítico 19:18). Todo esto me hace pensar en la regla de oro que dice: *"Así pues, hagan siempre a otros lo que ustedes quieran que ellos les hagan a ustedes. . ."* (Mateo 7:12, V.P.).
RANY: ¡Oh, me equivoqué! Es Filipenses 2:9, no 1:9. Escuchen: *"Por eso Dios le dio el más alto honor, y el nombre que es más importante de todos. . ."*
ANGELICA: ¿Puedes seguir leyendo, Rany? Hay más. . .
RANY: Sí, dice: *"para que al oír el nombre de Jesús se pongan de rodillas todos los que están en los cielos, en la tierra y debajo de la tierra, y para que todos reconozcan y digan que Jesucristo es Señor, para honra de Dios el Padre"*.
ANI: ¡Oh! Tengo mucho que aprender; ¡mucho! Me dejé llevar por el orgullo y pensaba sólo en mí misma, en vez de pensar en Jesús. Yo quiero saber más y más de Jesús quien me ama, y de la Biblia. Creo que todos debemos aprender los versículos, ¿No es cierto?
RANY: Sí. Vamos a hacerlo.
(*Al final todas están cabeza abajo repitiendo Santiago 1:5, V.P. Para cada una aparecerá un par de zapatos como al principio.*)
TODAS: *"Si a alguno de ustedes le falta sabiduría, pídala a Dios, y Dios se le dará pues él da a todos sin limitación y sin echarles nada en cara."*

DIOS AMA A TODOS

Betty de Alexander

Personajes: Ani, Angélica (una amiga), Ita (otra amiga), Rany (una rana), Laica (una perra).

(*Entran todas menos Laica, charlando. Después, entra Laica con una manzana en la boca, ladrando.*)

LAICA: ¡Miren lo que encontré! (*Tiene problemas para hablar.*)

ANI: Oh, Laica. ¡Qué divertido! (*Toma la manzana de la boca de Laica.*) ¿Cómo puedes hablar con una manzana en tu boca?

LAICA: ¡Difícil! Sí, pero miren la manzana. (*Todas la miran.*)

ANGELICA: Yo no veo nada más que una manzana como todas las demás.

LAICA: ¡Pero esta manzana es diferente!

RANY: Quizá es la misma que Eva dio a Adán, ja, ja, ja.

ITA: Sí, donde empezó todo el problema del pecado.

ANI: ¿Dónde la encontraste, Laica?

LAICA: En el patio de la abuelita Rosa donde estaba jugando.

ITA: ¿Ella te la regaló?

LAICA: Ah-h-h, no.

ANGELICA: Entonces, debes devolverla, Laica. Es de ella. No es tuya.

ANI: Verdad, Laica.

LAICA: Bueno, si piensan que eso es lo que debo hacer. . .

ITA: Si quieres, puedo acompañarte.

LAICA: Gracias, Ita. Me gustaría mucho que fueras conmigo. ¡Vamos!

ITA: Ya, ¡vamos!

(*Salen las dos con la manzana.*)

RANY: La manzana era muy bonita, ¿verdad?

ANI: Sí, y no sé por qué, pero era diferente.

ANGELICA: Era más bonita porque tenemos hambre.

RANY: Sí, casi es hora de comer.

ANI: Y, ahora que he visto la manzana se me antoja comer una.

RANY: Si cantáramos, quizá nos darían algo de comer.

ANI: Sí, quizá.

RANY: Aprendí un lindo canto ayer en la casa de mi prima. ¿Quieren aprenderlo?
ANI Y ANGELICA: Sí.
ANGELICA: ¿Cómo es?
RANY: Yo lo voy a cantar y ustedes me siguen como un eco.
(*Rany empieza a cantar la canción "Dios Me Ama". Las otras la siguen.*)
ANI: ¡Qué linda la canción con eco!
ANGELICA: Sí, me encanta.
(*Entran Laica e Ita con una bolsa de manzanas. Una está ya partida y pueden verse las semillas que tienen la forma de una estrella. Pueden usarse manzanas de verdad, una cortada horizontalmente, o pueden dibujarla en cartulina.) (Ejemplo:)*

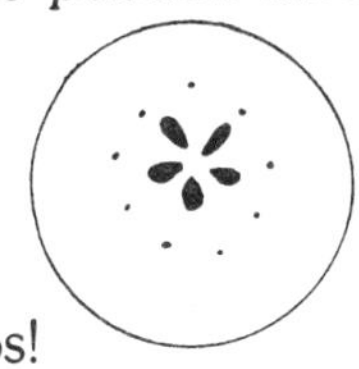

LAICA: ¡Miren lo que tenemos!
ITA: ¡Manzanas! ¡Manzanas para todas! (*Levanta la bolsa para que todas puedan ver.*)
RANY: ¡Oh qué ricas!
ANI: ¡Pero, no me digan que la manzana se multiplicó! ¿Dónde las encontraron?
ANGELICA: Sí, ¿qué pasó?
LAICA: La abuela Rosita nos las regaló.
ITA: Sí, pero primero nos contó muchas cosas lindas.
ANGELICA: ¿Qué cosas?
LAICA: Dijo: "Muchas gracias por devolver la manzana porque muchos niños no lo harían, incluso a veces suben al árbol y sacan las manzanas sin pedir permiso."
ITA: Nos contó que adentro de cada manzana hay una estrella. Las semillas forman esta estrella.
LAICA: Y después partió esta manzana para que nosotras pudiéramos ver la estrella. (*La muestra.*)
ANGELICA: Y Mateo. . .
ITA: Y Marcos. . .
RANY: Y Lucas y ¡en toda la Biblia, pues! El pastor siempre nos dice que la Biblia es un libro de amor, un regalo del Señor con amor para nosotros.
ANI: ¡De veras! Debemos siempre tratar de encontrar la estrella que Dios ha puesto en otras personas. . . buscar algo hermoso dentro de cada una.

ITA: Y, más importante, nos dijo que nosotros somos como la manzana. Cada persona tiene también una estrella adentro de sí misma.

RANY: (*Mirándose a sí misma.*) ¡Yo no lo creo! ¿Dónde?

ITA: Bueno, Rany. Lo que quiso decir es que todos nosotros somos importantes para Dios.

LAICA: Sí pues. Dios ha puesto dentro de cada persona algo especial; algo bonito como la estrella en la manzana.

ANGELICA: Sí, porque Dios nos ama.

ANI: De veras; como dice la canción que Rany nos enseñó.

ITA: Nos dijo la abuelita Rosa que a veces es difícil amar a las personas que no nos gustan mucho o que nos maltratan.

LAICA: Por ejemplo, preguntó ella: "¿Cómo tratan ustedes a los viejecitos?" A veces los viejecitos nos dicen cosas tres o cuatro veces porque se olvidan de que ya nos las han dicho, o nos cuentan sus achaques. ¡Qué aburridos!

RANY: A veces mi abuelo me pisa sin darse cuenta.

LAICA: ¡Y mi abuela siempre está dándome besos mojados!

ANI: También a veces pensamos que ellos no entienden los tiempos modernos.

ITA: Pero la abuelita Rosa dijo que Jesús sabía que aun los viejecitos tienen una estrella adentro de ellos. Sólo tenemos que buscarla.

LAICA: Sí. Dijo también que cuando la suegra de Simón Pedro estuvo enferma y Jesús fue con Pedro a su casa a comer, Jesús la sanó porque la amaba y sabía que el don de ella era el de servir.

ITA: Jesús vio la estrella adentro de ella, y. . .

LAICA: Una vez sana ella se levantó y sirvió la cena a todos en la casa.

ANGELICA: A mí me gusta esa historia.

ANI: Sí. Quizá seríamos todos más felices si buscáramos las cosas buenas en otras personas.

ITA: Dijo también la abuelita Rosa que a veces los niños piensan que Dios no les ama cuando se equivocan y hacen algo malo.

LAICA: Dijo que a veces los grandes les dicen a los niños: "Dios no te va a querer más si haces cosas malas."

ANGELICA: Pero la Biblia no dice eso, ¿verdad?

LAICA: No. La Biblia dice: "Miren cuánto nos ama Dios el Padre" (1 Juan 3:1a).

ANI: También en Juan 3:16. . .

ITA: La abuelita Rosita nos decía que para hacer esto tenemos que conocer mejor a la persona.

LAICA: Entonces tenemos que visitarla.

ANI: Y al conocerla mejor, de pronto veremos la estrella en esa persona.

RANY: Bueno, no veo ninguna posibilidad para Laica, porque miren su color.

LAICA: Pero no importa mi color, ni el color tuyo. Dios no nos pone límites. Pues él nos ama a todos.

RANY: Yo sé, Laica: estaba bromeando contigo.

ANI: Vamos afuera a comer estas ricas manzanas.

LAICA: Sí, esas manzanas son muy especiales.

ANGELICA: Y, pasemos a ver la abuelita Rosa a darle las gracias.

TODAS: Sí, ¡vamos! (*Salen cantando, "Dios Me Ama".*)

DIOS ME AMA

Letra y Música:
BETTY DE ALEXANDER

Canción de Eco

ANI Y SUS AMISTADES

Personajes: Ani, Inés y María (tres niñas).

NARRADOR: El diálogo se desarrolla en la sala de la casa de Ani quien ha invitado a tres amigas. Ya han llegado Inés y María. Ani sale a la cocina a traer refrescos para las visitantes y escucha a María hablando con enojo.

MARIA: Por mi parte no pienso dirigirle la palabra. ¡Es muy orgullosa!

ANI: ¡Huy!, ¿por qué tan enojada María? ¿Contra quién salen todas esas chispas. . .?

MARIA: Contra nuestra "nueva vecinita". Se da un aire de superioridad, le hace mala cara a todo el mundo, . . . es más orgullosa que un pavo real.

ANI: ¿Cómo lo sabes? ¿Le hablaste y te contestó mal?

MARIA: ¿Hablarle? Ya dije que nunca le hablaré. Cuando pasó por mi casa le di la espalda. No quiero hablar con esa presumida.

INES: Ni yo.

ANI: Amiguitas, me parece que ustedes se están ahogando en un vaso de agua. . .

INES: En un vaso, ¿dirás en un océano sin fondo?

ANI: No, amiguitas, *"el león no es tan feroz como lo pintan"*.

¿Hay razón para juzgar a una persona sin tener pruebas. . .?

MARIA: ¡Pruebas sí que las tenemos!

ANI: ¿Cuáles. . .?

INES: Alicia nos lo dijo.

ANI: Creo que debe haber una equivocación.

INES Y MARIA: ¿Equivocación? ¿Por qué?

ANI: Porque yo conozco a Marta y no he visto que sea orgullosa.

MARIA: ¿Así se llama?

ANI: Sí. Es tímida; pero tiene muchas cualidades buenas. Es culta, inteligente, sencilla, tiene mucho amor por la gente y siempre quiere ayudar. ¿Saben? Quiero que la conozcan. Me gusta compartir mis amistades. Por eso las invité a ustedes y a ella también. Vendrá más tarde porque está cuidando a su hermanito enfermo.

MARIA E INES: ¡No! (*casi se caen de espaldas*). Mejor nos vamos. (*Retroceden.*)

ANI: No, por favor, no lo hagan. Estarán muy contentas si se quedan. ¿Recuerdan el programa de la amistad que presentamos hace algunos días en el grupo de niñas en la iglesia?

INES: Sí, tú tuviste parte.

MARIA: Yo no estuve presente.

ANI: Te perdiste algo bueno, María.

INES: Sí, recuerdo que aprendimos Proverbios 18:24: "*El hombre que tiene amigos ha de mostrarse amigo; y amigo hay más unido que un hermano.*" Hablamos de la importancia de mostrar amistad si queremos tener amigos.

ANI: Recuerdo que alguien dijo: "*Si quieres recoger miel no destruyas el panal.*" ¿Qué sucedería si le diera un puntapié a un panal?

INES: Ani, te picarían las abejas y quedarías como una piña, toda picada e hinchada. (*Se ríen.*)

ANI: ¡Pobrecita de mí! Recordemos otras enseñanzas de ese programa.

INES: Sí, no debemos formarnos prejuicios sin conocer a las personas. Y Jesús dijo: "*No juzguéis y no seréis juzgados.*"

ANI: Por la misma razón no debemos prejuzgar a nuestros amigos sin saber el motivo de sus acciones.

INES: No debemos tener temor de acercarnos a una persona para mostrarle amistad. Es más lindo mostrar amistad que imaginarnos cosas malas y feas. No debemos ofender y no debemos darnos por ofendidas fácilmente."

ANI: Es mejor decir algo bueno de nuestros amigos, orar por ellos en vez de criticarlos porque el que critica actúa como si tuviera un alacrán en el corazón.

INES: Debemos quitarnos la costumbre de atacar, menospreciar y culpar a otros y justificarnos siempre nosotros mismos.

ANI: Debemos tener el valor de decir *"me equivoqué"* y pedir perdón por nuestras equivocaciones.

INES: Acercarnos a una persona y pedirle un favor puede ser el comienzo de una buena amistad. Y luego lo retribuiremos.

ANI: Y la Biblia dice: *"En todo tiempo ama el amigo."*

INES: Jesús dijo: *"Ama a tu prójimo como a ti mismo."*

ANI: El amor está siempre dispuesto a perdonar, ayudar, a pensar, decir y hacer siempre lo mejor para otro.

MARIA: En verdad, si hubiéramos pensado en todo esto antes, no habríamos hablado así de Marta. Me siento avergonzada. ¿Qué les parece si vamos a buscarla a su casa en vez de esperar a que ella venga?

ANI: ¡Maravilloso! Las felicito por cambiar de actitud. Tener amigos, ganar amigos y conservar la amistad es algo lindo.

INES: Creo que Satanás estaba feliz; ¿pero ahora. . .? ¡Que se quiebre el colmillo de rabia!

(Se oyen gruñidos: GRRRRR.) Las niñas salen cantando: *"Vamos a henchir el mundo de alegría."*

ANI: (Aparece otra vez y dice al público.) Amiguitas, ahora den sus opiniones: ¿Cómo les ayuda este diálogo a tener buena actitud en cuanto a las amistades? Comenten nuestra actuación. Imaginen y dramaticen el encuentro con Marta.